INGLÉS

para

109 SITUACIONES FRECUENTES

Martha Sastrías
Gilda Moreno

**EDITORIAL
PAX MÉXICO**

Amigo lector:

La obra que usted tiene en sus manos es muy valiosa, pues el autor vertió en ella conocimientos, experiencia y años de trabajo. El editor ha procurado dar una presentación digna a su contenido y pone su empeño y recursos para difundirla ampliamente, por medio de su red de comercialización.

Cuando usted fotocopia este libro, o adquiere una copia "pirata", el autor y el editor dejan de percibir lo que les permite recuperar la inversión que han realizado, y ello fomenta el desaliento de la creación de nuevas obras.

La reproducción no autorizada de obras protegidas por el derecho de autor, además de ser un delito, daña la creatividad y limita la difusión de la cultura.

Si usted necesita un ejemplar del libro y no le es posible conseguirlo, le rogamos hacérnoslo saber. No dude en comunicarse con nosotros.

EDITORIAL PAX MÉXICO

꙰

COORDINACIÓN EDITORIAL: Gilda Moreno Manzur
ILUSTRACIONES: Laura García Renart
DISEÑO: Juan Peypoch Y.
PORTADA: Víctor Madrigal
CON LA COLABORACIÓN DE: Sonia Moreno Manzur y Martin Adams

© 1996   Editorial Pax México, Librería Carlos Cesarman, S.A.
          Av. Cuauhtémoc 1430
          Col. Santa Cruz Atoyac
          México, D.F. 03310
          Teléfono: 5605 7677
          Fax: 5605 7600
          editorialpax@editorialpax.com
          www.editorialpax.com

Primera edición
ISBN 978-968-860-366-6
Reservados todos los derechos
Impreso en México / *Printed in Mexico*

Prólogo

Viajar a un país de habla inglesa implica la necesidad de entender y darse a entender. Y satisfacerla es el objetivo de esta obra.

En ella, las autoras presentan, con el apoyo de ilustraciones claras, didácticas y amables, los diálogos factibles de suscitarse en las 109 situaciones más comunes. Además, las secciones:

Expresiones usuales
> relacionadas con la situación y con muchas otras situaciones

Frases relacionadas
> otras frases que pueden oírse y decirse en la situación específica

Vocabulario
> palabras, verbos y adjetivos asociados con la situación

Recuerde
> sugerencias o información adicional, de utilidad para la situación contemplada

En este libro se ofrece también una propuesta de pronunciación que corresponde exactamente al sonido en inglés. Así el lector no tendrá que preocuparse por su acento ni por otras complejidades sino, simplemente, pronunciar la palabra como está escrita.

En el caso de la th, la cual tiene dos sonidos, uno fuerte y uno débil, hemos subrayado, en la pronunciación, la que tiene el sonido fuerte.

Existen palabras y frases que se utilizan en distintas ocasiones. En su caso, el lector las hallará "repetidas" en ciertas secciones. Esto es intencional, para no forzarle a consultar otras páginas para encontrarlas.

Por el contrario, en algunos casos hemos omitido las expresiones de cortesía, obligadas en idioma inglés, como Excuse me, I beg your pardon, Thank you very much, para no repetirlas en forma excesiva.

Para facilitarle la consulta, las frases en inglés se han escrito en **negritas**, la pronunciación en *cursivas* y el español en tipo normal.

Todo lo anterior, podemos asegurarle, hace de ésta una guía indispensable para quien requiera comunicarse en inglés.

Los editores

LAS
SITUACIONES

THE
SITUATIONS

En una tienda de ABARROTES

At a grocery store

- **Please give me two pounds of apples and some celery.**
Plís guév mi tu páunds of ápols and som séleri.
Por favor deme dos libras de manzanas y un poco de apio.

- **Here you are. Anything else?**
Jíer yu ar. Énizding els?
Aquí tiene. ¿Algo más?

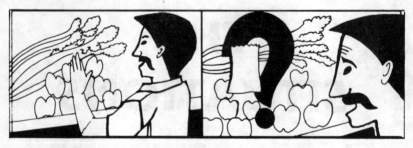

- **No, thank you.**
Nóu, zdenk yu.
No, gracias.

- **Do you have a bag?**
Du yu jav a bag?
¿Tiene una bolsa?

Expresiones usuales

Usual expressions

Good morning, ma'am.
Gud mórning, mám.
Buenos días, señora.

Thank you!
Zdenk yu!
¡Gracias!

Frases relacionadas

Related phrases

Would you like to pick them out yourself?
Uúd yu láik tu pek zdem áut yursélf?
¿Desea escogerlos usted mismo?

We have very good mushrooms today.
Uí jav véri gud móshrrums tudéi.
Hoy tenemos muy buenos hongos.

Will that be all?
Uíl zdad bi ol?
¿Es todo?

Vocabulario

Vocabulary

bolsa de papel - **paper bag** - *péiper bag*
cebolla - **onion** - *ónion*
galletas - **cookies** - *kúkis*
galletas saladas - **crackers** - *krákers*
huevo - **egg** - *eg*
jitomate - **tomato** - *toméirou*
lata de sopa - **can of soup** - *kan of sup*
leche - **milk** - *mélk*
lechuga - **lettuce** - *léros*
maíz - **corn** - *korn*
mantequilla - **butter** - *bárer*
naranja - **orange** - *óranch*
plátano - **banana** - *banána*

atender - **take care of** - *téik ker of*
entregar a domicilio - **deliver** - *delíver*
escoger - **select, pick out** - *selékt, pek áut*
pedir - **ask** - *ask*
pesar - **weigh** - *uéi*

congelado - **frozen** - *fróuzen*
enlatado - **canned** - *kánd*
fresco - **fresh** - *fresh*
verde - **green** - *grin*

Para su información

F.Y.I.

Fruit and vegetables are weighed by the pound (0.454 kg).
Las frutas y verduras se pesan por libra.

Recuerde

Siempre diga *Thank you* después de que lo atiendan.

En caso de ACCIDENTE

In case of accident

- **Can you call a doctor, please?**
My husband had an accident.
Kan yu kol a dóctor, plís? Mái jósband jad an áksident.
¿Podría llamar a un doctor, por favor? Mi esposo tuvo un accidente.

- **Please call an ambulance.**
Plís kol an ámbiulans.
Por favor llame a una ambulancia.

- **Can you send an ambulance to ...?**
Kan yu send an ámbiulans tu ...?
¿Puede enviar una ambulancia a ...?

- **He had an automobile accident.**
Ji jad an ótomobil áksident.
Tuvo un accidente automovilístico.

- **We'll take him to the Memorial Hospital.**
Uíl téik jim tu zda Memórial Jóspital.
Lo llevaremos al Hospital Memorial.

Expresiones usuales	Usual expressions
Help!	**What happened?**
Jelp!	*Juát jápend?*
¡Socorro!	¿Qué sucedió?

Frases relacionadas	Related phrases
Don't move him/her.	**Where are you taking him/her?**
Dóunt muv jem/jer.	*Juér ar yu téikin jem/jer?*
No lo/la muevan.	¿A dónde lo/la llevarán?

The ambulance will be there in 5 minutes.
Zdi ámbiulans uíl bi zder en fáiv mínets.
La ambulancia llegará en cinco minutos.

Vocabulario / Vocabulary

brazo - **arm** - *arm*
calle - **street** - *strít*
camilla - **stretcher** - *strétcher*
cráneo - **skull** - *skol*
herida - **wound** - *uúnd*
paramédico - **paramedic** - *paramédik*
pierna - **leg** - *leg*
sangre - **blood** - *blod*
teléfono - **telephone** - *télefoun*
tobillo - **ankle** - *ánkol*
torcedura - **twist** - *tuíst*

ayudar - **help** - *jelp*
caerse - **fall down** - *fol dáun*
doler - **hurt** - *jert*
fracturarse - **break (a bone)** - *bréik (a bóun)*
golpearse - **bump into** - *bómp íntu*
adolorido - **in pain** - *en péin*
caro - **expensive** - *ekspénsiv*
seriamente - **badly** - *bádli*
sorprendido - **surprised** - *sorpráisd*

Para su información	F.Y.I.

In case of accident or any other emergency, dial 911.
En caso de accidente o emergencia, llame al nueve uno uno.

Recuerde

No mueva a la persona accidentada hasta que llegue la ayuda
solicitada.

En la
ADUANA

In Customs

- Any fresh vegetables with you?
Éni fresh véchtabols uízd yu?
¿Trae verduras o fruta?

- Please open your bag.
Plís óupen yur bag.
Por favor abra su maleta.

- What's this?
Juáts zdes?
¿Qué es esto?

- A present for a friend.
A présent for a frend.
Un regalo para un amigo.

- Do you have more than 5,000 Dollars with you?
Du yu jav mor zdan fáiv zdáusand dólars uízd yu?
¿Trae más de cinco mil dólares?

Expresiones usuales — *Usual expressions*

Thank you. Go ahead.
Zdenk yu. Góu ajéd.
Gracias. Pase usted.

Frases relacionadas — *Related phrases*

Where do you come from?
Juér du yu kom from?
¿De dónde viene?

Anything to declare?
Énizding tu diklér?
¿Algo que declarar?

You'll have to pay duty on this.
Yul jav to péi diúti on zdes.
Tendrá que pagar impuestos por esto.

Vocabulario — *Vocabulary*

banda - **band** - *band*
carro para equipaje - **cart** - *kart*
equipaje - **luggage** - *lógach*
funcionario de aduana - **Customs officer**
  - *Kóstoms ófiser*
impuesto - **duty** - *diúti*
mostrador - **counter** - *káunter*
puerta - **door** - *dor*
salida - **exit** - *éksit*

siguiente - **next** - *nékst*

detenerse - **stop** - *stop*
mostrar - **show** - *shóu*
pasar - **pass through** - *pass zdru*

obvio - **obvious** - *óbvios*
permitido - **allowed** - *aláud*
prohibido - **forbidden** - *forbíden*

Para su información — *F.Y.I.*

Be sure to fill out your Customs Declaration form correctly.
Asegúrese de llenar su forma de Declaración de Aduana
correctamente.

Recuerde

No puede entrar a Estados Unidos con plantas o alimentos frescos.

Al llegar al AEROPUERTO

When you get to the airport

- Excuse me, where's the American Airlines counter?
Ekskiús mi, juérs zdi Américan Érláins káunter?
Disculpe, ¿dónde se encuentra el mostrador de American Airlines?

- Can you help me with my bags?
Kan yu jelp mi uízd mái bags?
¿Me puede ayudar con mis maletas?

- What time does flight # 798 arrive?
Juát táim dos fláit nómber séven náin éit arráiv?
¿A qué hora llega el vuelo 798?

- It's delayed. It will be here at 11:00.
Ets diléid. Et uíl bi jíer at iléven.
Está retrasado. Llegará a las once.

Frases relacionadas

Related phrases

Where can I buy a ticket?
Juér kan ái bái a tíket?
¿Dónde puedo comprar un boleto?

Is this the local flights area?
Es zdes zda lócal fláits éria?
¿Es ésta el área de vuelos locales?

Vocabulario

Vocabulary

carro para equipaje - **cart** - *kart*
letrero - **sign** - *sáin*
maletero - **porter** - *pórter*
mostrador - **counter** - *káunter*
nombre - **name** - *néim*

buscar - **look for** - *luk for*

cargar - **carry** - *kárri*
llegar - **arrive** - *arráiv*
mostrar - **show** - *shóu*

ligero - **light** - *láit*
lleno - **full** - *ful*
pesado(a) - **heavy** - *jévi*

Para su información

F.Y.I.

Some airports have Check-in sections right at the entrance.
Algunos aeropuertos tienen secciones de registro en las puertas de entrada.

Some airlines don't have specific lines for any flight.
En algunas aerolíneas las filas son generales para todos los vuelos.

Recuerde

Para usar los carros de equipaje necesita introducir un billete de 1 dólar en la máquina, con la cara hacia abajo.

Al registrarse para un vuelo en el
AEROPUERTO

Airport - When checking in for a flight

- Hello. May I have your ticket (and passport), please?
Jélou. Méi ái jav yur tíket (and pásport), plís?
Hola. Su boleto (y pasaporte), por favor.

- Smoking or no smoking?
Smóuking or nóu smóuking?
¿Sección de fumar o no fumar?

- How many pieces of luggage do you have?
Jáu méni píses of lógach du yu jav?
¿Cuántas maletas trae?

- This is your boarding pass; please be at gate — before 9:10.
Zdes es yur bórding pas; plís bi at guéit — bifór náin ten.
Éste es su pase de abordar; por favor llegue a la sala — antes de las nueve y diez.

Los Angeles Public Library
R.L. Stevenson Branch

8/4/2017   12:12:42 PM

1 Item Number 37244194166433
Title Inglés para 100 situaciones frecuentes
Due Date: 8/25/2017

2 Item Number 37244198850967
Title Read & think English /
Due Date: 8/25/2017

3 Item Number 37244225187761
Title Inglés express : ¡A hablar el inglés
Due Date: 8/25/2017

Join our Summer Reading Challenge!
https://www.lapl.org/summer

To Renew www.lapl.org or 888-577-5275

--Please retain this slip as your receipt--

Expresiones usuales | *Usual expressions*

Where to?
Juér tu?
¿A dónde?

Have a nice trip.
Jav a náis trep.
Buen viaje.

Enjoy your flight.
Enyói yur fláit.
Disfrute su vuelo.

Frases relacionadas | *Related phrases*

Can I check this package?
Kan ái chek zdes pákach?
¿Puedo registrar este paquete?

Window or aisle?
Uíndóu or áil?
¿Ventanilla o pasillo?

Vocabulario | *Vocabulary*

empleado - **clerk** - *klerk*
equipaje de mano - **carry on bag** - *kárri on bag*
fila - **line** - *láin*
línea aérea - **airline** - *érláin*
lleno - **full** - *ful*
mostrador - **counter** - *káunter*
pasajero - **passenger** - *pásenyer*
pasillo - **aisle** - *áil*
pesado - **heavy** - *jévi*
salida - **departure** - *dipárchur*
ventanilla - **window** - *uíndóu*

colocar - **put** - *put*
dar - **give** - *guév*
formarse - **stand in line** - *stand en láin*
llegar - **arrive** - *arráiv*
pesar - **weigh** - *uéi*
poner - **put** - *put*
registrarse - **check in** - *chek en*

a tiempo - **on time** - *on táim*
ocupado(a) - **busy** - *bísi*
retrasado(a) - **delayed** - *diléid*

Para su información | *F.Y.I.*

Be sure all your luggage has a tag with your name and address on it.
Asegúrese de poner una etiqueta con su nombre y dirección a todo su equipaje.

Recuerde

Si desea un servicio especial, como viajar con animales o comida de dieta, informe por anticipado a la línea aérea.

En la sala de espera del AEROPUERTO

Airport - At the gate

- All passengers please board the plane.
Ol pásenyers plís bord <u>zd</u>a pléin.
Todos los pasajeros sírvanse abordar el avión.

- Please have your boarding pass ready.
Plís jav yur bórding pas rédi.
Tenga listo su pase de abordar.

- Thank you. Have a nice trip.
Zdenk yu. Jav a náis trep.
Gracias. Buen viaje.

Expresiones usuales

Usual expressions

Just a moment, please.
Yost a móument, plís.
Un momento, por favor.

Go ahead, please.
Góu ajéd, plís.
Pase, por favor.

Frases relacionadas

Related phrases

Is this the flight to Mexico City?
Es zdes zda fláit tu Méksikóu Séri?
¿Es éste el vuelo para la ciudad de México?

Is the plane on time?
Es zda pléin on táim?
¿Saldrá a tiempo el avión?

Vocabulario

Vocabulary

asiento - **seat** - *sit*
baño - **lavatory** - *lávatori*
fila (de asientos) - **row** - *róu*
fila (para abordar) - **line** - *láin*
número - **number** - *nómber*
sala - **gate** - *guéit*
sobrecargo - **air hostess** - *er jóustes*

apresurarse - **hurry** - *jérri*
escuchar - **listen to** - *lésen tu*
esperar - **wait** - *uéit*
llegar a tiempo - **be on time** - *bi on táim*

lentamente - **slowly** - *slóuli*
rápidamente - **quickly** - *kuíkli*

Para su información

F.Y.I.

Duty free shopping is only allowed at the International Departure area.
Las tiendas libres de impuestos funcionan sólo en el área de Salidas Internacionales.

Recuerde

Casi todas las aerolíneas solamente permiten llevar una pieza de equipaje de mano en el avión.

AEROPUERTO
Al llegar a su destino

Airport - Upon arrival

- Welcome to Houston, the temperature is 73° Fahrenheit. Local time is ten fifteen.
Uélkom tu Jiúston, zda témperchur es séventi zdri digrís Fárenjait. Lóukal táim es ten feftín.
Bienvenidos a Houston, la temperatura es de 73°F. Son las 10:15, hora local.

- Please be sure to take all your personal belongings with you.
Plís bi shur tu téik ol yur pérsonal bilónguings uízd yu.
Asegúrese de llevar todas sus pertenencias.

- We hope your flight with us has been a pleasant one.
Uí jóup yur fláit uízd as jas bín a plésant uán.
Esperamos que haya disfrutado su vuelo con nosotros.

Expresiones usuales / *Usual expressions*

Have a nice stay.
Jav a náis stéi.
Disfrute su estancia.

It's $ ___ per person.
Ets $___ per pérson.
Cuesta $___ por persona.

Frases relacionadas / *Related phrases*

To street level.
Tu strit lével.
Al nivel de la calle.

Where can I take a taxi?
Juér kan ái téik a táksi?
¿Dónde puedo tomar un taxi?

To buses/taxis.
Tu báses/táksis.
A los autobuses/taxis.

Do you want a taxi/van/shuttle?
Du yu uánt a táksi/van/shótel?
¿Desea un taxi/colectivo?

Vocabulario / *Vocabulary*

abajo - **downstairs** - *dáunstérs*
arriba - **upstairs** - *ópstérs*
cambio de moneda extranjera - **exchange** - *ekschéinch*
destino - **destination** - *destinéishon*
entrega de equipaje - **baggage claim** - *bágach kléim*
información - **information** - *informéishon*
limosina - **limo, limousine** - *límóu, limóusin*
renta de automóviles - **car rental** - *kar réntal*
transporte - **transportation** - *transportéishon*

ayudar - **help** - *jelp*
bajar - **go down** - *góu dáun*
buscar - **look for** - *luk for*
ir - **go** - *góu*
pedir - **ask for** - *ask for*
preguntar - **ask** - *ask*
rentar - **rent** - *rent*

cansado - **tired** - *táierd*
contento - **happy** - *jápi*
feliz - **happy** - *jápi*
impaciente - **impatient** - *impéishent*

Para su información / *F.Y.I.*

There are specific bus, taxi and shuttle rates to different parts of town.
Existen tarifas específicas de taxi, autobús y servicio colectivo para diferentes partes de la ciudad.

Recuerde

Pida informes de las tarifas de los distintos servicios de transporte y elija lo que más le convenga.

En una tienda de
ARTÍCULOS DEPORTIVOS

At a sporting goods store

- Can you show me a ... racket?
Kan yu shóu mi a ... ráket?
¿Me puede mostrar una raqueta ...?

- This is fine. How much is it?
Zdes es fáin. Jáu moch es et?
Está bien. ¿Cuánto es?

- And please give me a can of balls.
And plís guév mi a kan of bols.
Y por favor deme una lata de pelotas.

- Do you have aluminium bats?
Du yu jav alumínium bats?
¿Tiene bates de aluminio?

- Thank you. I'll take it.
Zdenk yu. Ál téik et.
Gracias. Me lo llevo.

Expresiones usuales / Usual expressions

This is great!
Zdes es gréit!
¡Es fantástico!

You're gonna love this.
Yur góna lov zdes.
Le va a encantar.

Frases relacionadas / Related phrases

What size?
Juát sáis?
¿Qué talla?

What number?
Juát nómber?
¿Qué número?

This is not what I want. Can you show me something else?
Zdes es not juát ái uánt. Kan yu shóu mi sómzding éls?
Esto no es lo que quiero. ¿Puede mostrarme algo más?

Vocabulario / Vocabulary

bicicleta - **bicycle, bike** - *báisikol, báik*
cuerda - **rope** - *róup*
leotardo - **leotard** - *liótard*
mochila - **backpack** - *bákpak*
pantaloncillos - **shorts** - *shorts*
pesas - **weights** - *wéis*
sudadera - **sweat shirt** - *suét shert*
traje de baño - **swimming suit** - *suíming sut*
zapatos tenis - **tennis shoes, sneakers** - *ténis shus, sníkers*

comprar - **buy** - *bái*
mostrar - **show** - *shóu*
pagar - **pay** - *péi*
pedir - **ask** - *ask*
probarse - **try on** - *trái on*

barato - **inexpensive** - *inekspénsiv*
caro - **expensive** - *ekspénsiv*
delgado - **thin** - *zden*
gordo - **fat** - *fat*

Para su información / F.Y.I.

If you need any specific information about sporting goods, ask the person in charge of the store.
Si necesita alguna información específica sobre artículos deportivos, pídala al encargado de la tienda.

Recuerde

En una tienda como ésta encontrará todo tipo de ropa para practicar deportes.

En una tienda de ARTÍCULOS FOTOGRÁFICOS

At a photography store

- **I need an easy to operate camera.**
Ái nid an ísi tu óperéit kámera.
Necesito una cámara fácil de operar.

- **How about this one? You just have to push this button.**
Jáu abáut zdis uán? Yu yost jav tu push zdes bóton.
¿Qué le parece ésta? Sólo tiene que oprimir este botón.

- **Please give me some film and flash bulbs for this camera.**
Plís guév mi som felm and flásh bolbs for zdes kámera.
Por favor deme un rollo y lámparas de flash para esta cámara.

- **Here you are. That will be $ 10 Dollars.**
Jíer yu ar. Zdad uíl bi ten dólars.
Aquí tiene. Son 10 dólares.

Expresiones usuales

Usual expressions

Say "Cheese".
Séi chiís.
Sonríe.

Ready?
Rédi?
¿Listo(a)?

Frases relacionadas

Related phrases

Can you take a picture of us?
Kan yu téik a pékchur of as?
¿Nos puede tomar una foto?

Don't forget your camera.
Dóunt forguét yur kámera.
No olvides tu cámara.

Can you help me unload this camera?
Kan yu jelp mi onlóud zdes kámera?
¿Me ayuda a descargar esta cámara?

Vocabulario — *Vocabulary*

álbum de fotografías - **photo album** - *fóutou álbum*
blanco y negro - **black and white** - *blak and juáit*
color - **color** - *kólor*
correa - **strap** - *strap*
disparador - **release** - *rilís*
estuche - **case** - *kéis*
filtro - **filter** - *félter*
foco - **focus** - *fókius*
fotografía - **picture, photograph** - *pékchur, fóutougraf*
lente - **lens** - *lens*
rollo - **roll** - *rol*

tapa - **lid** - *led*
tripié - **tripod** - *trípod*

cargar - **refill** - *rifíl*
disparar - **shoot** - *shut*
enfocar - **focus** - *fókius*
oprimir - **press** - *pres*
posar - **pose** - *póus*
revelar - **develop** - *divélop*

desenfocado - **out of focus** - *áut of fókius*
enfocado - **focused** - *fókiusd*

Para su información — *F.Y.I.*

Be sure to check if there is enough daylight for a good photograph before shooting.
Asegúrese de que haya luz suficiente para una buena fotografía antes de oprimir el disparador.

Recuerde

Es conveniente llevar consigo un rollo de película extra.

De viaje en un
AUTOBÚS FORÁNEO

Traveling by bus

- I'm sorry, I think this is my seat.
Áim sórri, ái zdenk <u>zde</u>s es mái sit.
Disculpe, creo que éste es mi asiento.

- What seat number do you have?
Juát sit nómber du yu jav?
¿Qué número de asiento tiene?

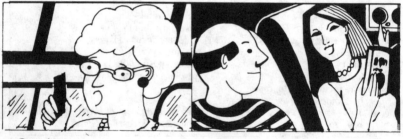

- Oops!, sorry.
Ups!, sórri.
¡Oh!, lo siento.

- Do you mind if I turn on my light?
Du yu máind ef ái tern on mái láit?
¿Le importa si enciendo mi lámpara?

- No, that's OK.
Nóu, <u>zd</u>ads óukéi.
No, está bien.

Expresiones usuales

Usual expressions

No smoking now, please.
Nóu smóuking náu, plís.
Favor de no fumar.

Please close the windows.
Plís klóus <u>zda</u> uíndóus.
Cierren las ventanillas, por favor.

Frases relacionadas

Related phrases

We'll stop here 40 minutes for lunch.
Uíl stop jíer fóri mínets for lonch.
Nos detendremos cuarenta
minutos para comer.

Remember our bus number.
Rimémber áur bos nómber.
Recuerden el número de nuestro
autobús.

**You may leave your personal belongings
on the bus.**
Yu méi liv yur pérsonal bilónguings on <u>zda</u> bos.
Pueden dejar sus pertenencias en el autobús.

Vocabulario

Vocabulary

baño - **bathroom** - *bázdrrum*
chofer - **driver** - *dráiver*
directo - **non-stop** - *non-stop*
estación - **station** - *stéishon*
fila - **row** - *róu*
llegada - **arrival** - *arráival*
parada - **stop** - *stop*
pasillo - **aisle** - *áil*
salida - **departure** - *dipárchur*

detenerse - **stop** - *stop*
reclinarse - **recline** - *rikláin*
sentarse - **sit down** - *set dáun*
viajar - **travel** - *trável*

lento - **slow** - *slóu*
rápido - **fast** - *fast*
seguro - **safe** - *séif*

Para su información

F.Y.I.

Only hand luggage is permitted on the bus.
Sólo se permite subir al autobús equipaje de mano.

Recuerde

Al encender el aire acondicionado dentro del autobús será necesario
cerrar todas las ventanillas.

Información sobre
AUTOBUSES FORÁNEOS

Information about buses

- What time does the bus to Chicago leave?
Juát táim dos zda bos tu Chicágóu líív?
¿A qué hora sale el autobús para Chicago?

- Every 15 minutes.
Évri feftín mínets.
Cada quince minutos.

- How much is the ticket?
Jáu moch es zda tíket?
¿Cuánto cuesta el boleto?

- May I have two tickets for the next one?
Méi ái jav tu tíkets for zda nékst uán?
¿Me da dos boletos para el próximo?

- Here you are. Please go to gate five.
Jíer yu ar. Plís góu tu guéit fáiv.
Aquí tiene. Por favor vaya a la sala 5.

- Where's gate —?
Juérs guéit —?
¿Dónde está la sala —?

Expresiones usuales / *Usual expressions*

Watch your step.
Uátch yur step.
Pise con cuidado.

Have a nice trip.
Jav a náis trep.
Buen viaje.

Frases relacionadas / *Related phrases*

What time does it arrive?
Juát táim dos et arráiv?
¿A qué hora llega?

How long does it take to get to Chicago?
Jáu long dos et téik tu guét tu Chicágóu?
¿Cuánto dura el viaje a Chicago?

Vocabulario / *Vocabulary*

asiento - **seat** - *sit*
carretera - **highway** - *jáiuéi*
equipaje - **luggage** - *lógach*
escalón - **step** - *step*
hora - **hour** - *áuer*
minuto - **minute** - *mínet*
número - **number** - *nómber*
taquilla - **ticket office** - *tíket ófis*
tarifa - **fare** - *fer*

comprar - **buy** - *bái*
ir - **go** - *góu*
pedir (información) - **ask for (information)** - *ask for (informéishon)*
subirse - **get on** - *guét on*

limpio - **clean** - *klin*
puntual - **punctual** - *pónkchual*
sucio - **dirty** - *dérti*

Para su información / *F.Y.I.*

Buses usually stop for breakfast, lunch and/or supper.
Los autobuses generalmente hacen paradas para desayunar, comer o cenar.

Recuerde

Está prohibido fumar en un autobús.

Al abordar y bajarse del
AUTOBÚS URBANO

When getting on and getting off a local bus

- Do you go to ...?
Du yu góu tu ...?
¿Llega a ...?

- No, take bus # 37.
Nóu, téik bos nómber zdéri séven.
No, tome el autobús # 37.

- Please let me know when we get to ...
Plís let mi nóu juén uí guét tu ...
Por favor avíseme cuando lleguemos a ...

Push to open.
Push tu óupen.
Empuje para abrir.

Frases relacionadas   *Related phrases*

Please ring the bell ahead of time.
Plís ring <u>zd</u>a bel ajéd of táim.
Por favor, toque el timbre con anticipación.

Please wait till the doors open completely.
Plís uéit tel <u>zd</u>a dors óupen komplítli.
Por favor espere a que las puertas se abran completamente.

The next stop is ..., ma'am.
<u>Zd</u>a nekst stop es ..., mam.
La próxima parada es ..., señora.

Exact fare only.
Eksákt fer óunli.
Tarifa exacta solamente.

Vocabulario   *Vocabulary*

conductor - **driver** - *dráiver*
moneda fraccionaria - **change** - *chéinch*
timbre - **bell** - *bel*

bajarse - **get off** - *guét of*
tocar (timbre) - **ring (bell)** - *reng (bel)*

abordar - **get on** - *guét on*
avisar - **let know** - *let nóu*

amable - **kind** - *káind*
cortés - **polite** - *poláit*
continuo - **continuous** - *kontínuos*

Para su información   *F.Y.I.*

The bus only stops at designated stops.
El autobús se detiene únicamente en las paradas establecidas.

Recuerde

Infórmese de cuál es la tarifa del autobús y asegúrese de llevar el cambio exacto.

Información sobre líneas de
AUTOBÚS URBANO

Information about local bus routes

- **Excuse me, which bus do I take to ...?**
Ekskiús mi, juích bos du ái téik tu ...?
Disculpe, ¿qué autobús me lleva a ...?

- **Where's the bus stop?**
Juérs zda bos stop?
¿Dónde está la parada del autobús?

- **On the next corner.**
On zda nekst kórner.
En la próxima esquina.

- **How much is the fare to ...?**
Jáu moch es zda fer tu ...?
¿Cuál es la tarifa a ...?

Vocabulario   *Vocabulary*

cambio - **change** - *chéinch*
color - **color** - *kólor*
directo - **non-stop** - *non-stop*
horario - **schedule** - *skédiul*
línea - **line** - *láin*
número - **number** - *nómber*

esperar - **wait** - *uéit*

pagar - **pay** - *péi*
parar - **stop** - *stop*

barato - **cheap** - *chip*
caro - **expensive** - *ekspénsive*
confiable - **reliable** - *riláiabol*
lejano - **far away** - *far auéi*

Para su información   *F.Y.I.*

You'll find maps of buses' routes at some bus stops.
En algunas paradas encontrará mapas de las rutas de autobuses.

Recuerde

Cuando planee regresar en autobús de algún sitio por la noche,
investigue primero a qué hora es la última corrida.

Al rentar un AUTOMÓVIL

When renting a car

- **I'd like to rent a small car for 4 days.**
Áid láik tu rent a smol kar for for déis.
Quisiera rentar un auto pequeño durante cuatro días.

- **Which is the most economic?**
Juích es zda móust iconómic?
¿Cuál es el más económico?

- **OK. Here's my license.**
Óu kéi, jíers mái láisens.
Está bien. Aquí tiene mi licencia.

- **Certainly. We have these three makes.**
Sértenli. Uí jav zdis zdri méiks.
Desde luego. Tenemos estas tres marcas.

- **This one is 20 dollars a day, mileage included.**
Zdes uán es tuéni dólars a déi, máilech enklúded.
Éste cuesta 20 dólares al día, con kilometraje incluido.

- **Please sign here.**
Plís sáin jíer.
Por favor firme aquí.

Expresiones usuales / *Usual expressions*

Drive carefully.
Dráiv kérfuli.
Maneje con cuidado.

Enjoy your car/trip.
Enyói yur kar/trep.
Disfrute su auto/viaje.

Frases relacionadas / *Related phrases*

Insurance is 5 Dollars extra.
Enshúrans es fáiv dólars ékstra.
Son cinco dólares extra por el seguro.

Can I leave it at the airport?
Kan ái liív et at zdi érport?
¿Lo puedo dejar en el aeropuerto?

Vocabulario / *Vocabulary*

agencia - **agency** - *éiyensi*
cobertura - **coverage** - *kóverach*
gasolina - **gas** - *gas*
herramienta - **tool** - *tul*
horario - **schedule** - *skédiul*
llanta de refacción - **spare tire** - *sper táir*
llave - **key** - *ki*
mapa - **map** - *map*
renta - **rental** - *rental*
seguro - **insurance** - *enshúrans*
tanque de gasolina - **gas tank** - *gas tank*

entregar - **deliver** - *delíver*
recoger - **pick up** - *pek ap*
regresar - **give back, return** - *guév bak, ritérn*
rentar - **rent** - *rent*

asegurado - **insured** - *enshúrd*
cubierto - **covered** - *kóverd*
nuevo - **new** - *niú*

Para su información / *F.Y.I.*

According to the law, all rented cars must have insurance coverage.
De acuerdo con la ley, todos los autos rentados deberán tener cobertura de seguro.

Recuerde

Para evitar pagos extra, llene el tanque de gasolina antes de devolver el auto.

Por la ciudad en AUTOMÓVIL

Traveling by car in the city

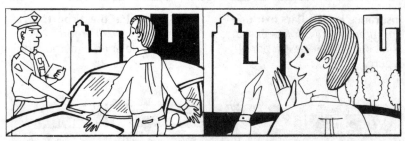

- **Sorry, sir, no parking here.**
Sórri, ser, nóu párking jíer.
Lo siento, señor, no puede estacionarse aquí.

- **At the parking meter area.**
At zda párking míter éria.
En la zona de parquímetros.

- **I'd like to go downtown. Is this the right way?**
Áid láik tu góu dáuntáun. Es zdes zda ráit uéi?
Quiero ir al centro. ¿Voy bien?

- **Oh, I didn't know! Where can I park?**
Óu, ái dídent nóu! Juér kan ái park?
¡Oh, no lo sabía! ¿Dónde me puedo estacionar?

- **Very well.**
Véri uél.
Muy bien.

- **Yes, it is. It's five miles from here.**
Iés, et es. Ets fáiv máils from jíer.
Sí. Está a cinco millas de aquí.

Expresiones usuales

Usual expressions

Go on.
Góu on.
Siga/adelante.

Stop.
Stop.
Deténgase/pare.

Frases relacionadas

Related phrases

Where can I find a car wash?
Juér kan ái fáind a kar uásh?
¿Dónde puedo encontrar un
servicio de lavado de autos?

Does this hotel have a garage?
Dos zdes joutél jav a garásh?
¿Tiene estacionamiento este hotel?

May I see your license?
Méi ái si yur láisens?
¿Puedo ver su licencia?

Left turn only.
Left tern óunli.
Sólo a la izquierda.

Vocabulario

Vocabulary

agente de tránsito - **traffic officer** - *tráfik ófiser*
calle - **street** - *strít*
cuadra - **block** - *blok*
esquina - **corner** - *kórner*
estacionamiento - **parking lot** - *párking lot*
licencia de conducir - **driver's license** - *dráivers láisens*
luces intermitentes - **parking lights** - *parking láits*
multa - **fine** - *fáin*
parquímetro - **parking meter** - *párkin míter*
semáforo - **traffic light** - *tráfic láit*

tarjeta de circulación - **registration card** - *reyistréishon kard*

bajarse - **get out of** - *guét áut of*
dar vuelta - **turn** - *tern*
estacionarse - **park** - *park*
subirse - **get into** - *guét íntu*

conocido - **known** - *nóun*
correcto - **correct** - *korrékt*
desconocido - **unknown** - *onknóun*
educado - **polite** - *poláit*

Para su información

F.Y.I.

You must fasten your seat belt at all times.
Debe llevar siempre abrochado el cinturón de seguridad.

Recuerde

Es importante respetar los límites de velocidad señalados, pues de otra
manera lo multarán.

Viaje por carretera en AUTOMÓVIL

Traveling by car on the highway

- How do I get to Highway 104?
Jáu du ái guét tu jáiuéi uán hóndred for?
¿Cómo llego a la carretera 104?

- Take the next right turn, go straight ahead until you find 104 on your left.
Téik zda nekst ráit tern, góu stréit ajéd ontíl yu fáind uán jóndred for on yur left.
Tome la próxima vuelta a la derecha, siga derecho y a su izquierda encontrará la 104.

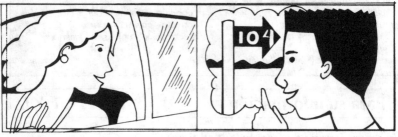

- Thank you.
Zdenk yu.
Gracias.

- You're welcome. Be careful, don't miss the sign.
Yur úelkom. Bi kérful, dóunt mes zda sáin.
De nada. Tenga cuidado. No pase por alto la señal.

Expresiones usuales

Usual expressions

We're lost. Can you help us?
Uír lost. Kan yu jelp as?
Estamos perdidos. ¿Puede
ayudarnos?

Are we close to ...?
Ar uí klóus tu ... ?
¿Estamos cerca de ...?

Frases relacionadas

Related phrases

Where's the next gas station?
Juérs zda nekst gas stéishon?
¿Dónde está la próxima
gasolinería?

Is there a motel near here?
Es zder a moutél níer jíer?
¿Hay algún motel cerca?

Is this the way to Houston?
Es zdes zda uéi tu Jiúston?
¿Es el camino para Houston?

Fasten your seat belt.
Fásen yur sit bélt.
Abróchese el cinturón.

Vocabulario

Vocabulary

cajuela - **trunk** - *tronk*
cambio de luces - **dim** - *dem*
carril - **lane** - *léin*
desviación - **detour** - *ditúr*
entronque - **junction** - *yónkshon*
límite de velocidad - **speed limit** - *spid
lémet*
luces altas - **high beam** - *jái bim*
luces bajas - **low beam** - *lóu bim*
paso a desnivel - **overpass** - *óuverpas*
peaje - **toll** - *tol*
puente - **bridge** - *bridch*
salida - **exit** - *éksit*

túnel - **tunnel** - *tónel*
acelerar - **speed up** - *spíd ap*
frenar - **brake** - *bréik*
manejar - **drive** - *dráiv*
parar - **stop** - *stop*
rebasar - **pass, outrun** - *pas, áutrron*
abierta (puerta) - **ajar** - *éiyar*
cercano - **near, close** - *níer, klóus*
cuidadoso - **careful** - *kérful*
hábil - **skillful** - *skílful*
lento - **slow** - *slóu*
rápido - **fast** - *fast*

Para su información

F.Y.I.

You can get a map of the state highways at the tourist office.
En las oficinas de turismo puede conseguir un mapa de las carreteras
estatales.

Recuerde

Cuando vaya en carretera asegúrese de leer a tiempo las señales.

Al abordar el AVIÓN

When boarding the plane

- Hi, to your left, please.
Jái, tu yur left, plís.
Hola, a la izquierda, por favor.

- Please put your hand luggage in the overhead compartment.
Plís put yur jand lógach en zda óuverjéd kompártment.
Por favor, ponga su equipaje de mano en el compartimiento superior.

- Don't block the aisle.
Dóunt blok zdi áil.
No bloquee el paso.

- Please take your seat.
Plís téik yur sit.
Favor de tomar asiento.

Expresiones usuales	Usual expressions

Excuse me.
Ekskiús mi.
Disculpe.

Go ahead.
Góu ajéd.
Adelante.

Frases relacionadas	Related phrases

Something to read?
Sómzding tu rid?
¿Algo para leer?

May I have some more coffee?
Méi ái jav som mor kófi?
¿Me puede dar más café?

May I have a glass of water?
Méi ái jav a glas of uórer?
¿Me da un vaso de agua?

What time do we arrive?
Juát táim du uí arráiv?
¿A qué hora llegaremos?

Vocabulario	Vocabulary

aire - **air** - *er*
almohada - **pillow** - *pélou*
capitán - **captain** - *kápten*
luz - **light** - *láit*
manta - **blanket** - *blánket*
salida de emergencia - **emergency exit** -
   eméryensi éksit
sección de no fumar - **no smoking**
   section - *nóu smóuking sékshon*

abordar - **board** - *bóurd*

aterrizar - **land** - *land*
despegar - **take off** - *téik of*
llamar - **call** - *kol*
pararse - **get up** - *guét ap*
pedir - **ask for** - *ask for*
sentarse - **sit down** - *set dáun*

caliente - **warm** - *uórm*
frío - **cold** - *kóuld*
libre - **vacant** - *véikant*
ocupado - **occupied** - *ókiupaid*

Para su información	F.Y.I.

No smoking is allowed in any domestic flights in the United States.
No se permite fumar en ningún vuelo doméstico en Estados Unidos.

Recuerde

No está permitido fumar en los pasillos ni en los baños.

En el
AVIÓN

On the plane

- **Please fasten your seat belt and straighten your seat back.**
Plís fásen yur sit belt and stréiten yur sit bak.
Favor de abrocharse el cinturón de seguridad y enderezar el respaldo de su asiento.

- **A beer, please.**
A bíer, plís.
Una cerveza, por favor.

- **Would you like some wine?**
Uúd yu láik som uáin?
¿Quiere vino?

- **Would you like something to drink?**
Uúd yu láik sómzding tu drenk?
¿Quiere algo de beber?

- **What would you like, beef or chicken?**
Juát uúd yu láik, bif or chéken?
¿Qué desea, carne o pollo?

- **Yes, white, please.**
Iés, juáit, plís.
Sí, blanco, por favor.

Expresiones usuales — *Usual expressions*

Have you finished?
Jav yu féneshd?
¿Terminó?

May I help you?
Méi ái jelp yu?
¿Le puedo ayudar en algo?

Frases relacionadas — *Related phrases*

Please extinguish your cigarettes before boarding.
Plís ekstíngüish yur sígarrets bifór bórding.
Favor de apagar sus cigarrillos antes de abordar.

Coffee? Cream and sugar?
Kófi? Krim and shúgar?
¿Café? ¿Crema y azúcar?

Vocabulario — *Vocabulary*

baño - **lavatory** - *lávatori*
cabina - **cabin** - *kában*
pasillo - **aisle** - *áil*
sobrecargo - **steward, stewardess** - *stúard, stúardes* - **air host, air hostess** - *ér jóust, ér jóustes*
desocupar - **empty** - *émpti*

ocupar - **occupy** - *ókiupái*
regresar - **go back** - *góu bak*

ocupado - **occupied** - *ókiupaid*
libre, desocupado - **vacant** - *véikant*
lleno - **full, crowded** - *ful, kráuded*

Para su información — *F.Y.I.*

A life vest is available under your seat.
Hay un chaleco salvavidas debajo de su asiento.

Recuerde

No lleve consigo objetos punzocortantes o inflamables.

Compra de
BOLETOS
avión, tren, autobús

Buying plane, train, bus tickets

- I'd like a round trip/one way ticket to ...
Áid láik a ráund trep/uán uéi tíket tu ...
Quisiera un boleto viaje redondo/sencillo a ...

- When do you want to leave?
Juén du yu uánt tu liív?
¿Cuándo desea salir?

- Right now./As soon as possible./Next Monday.
Ráit náu./As sun as pósibol./Nekst mándei.
Ahora mismo./Lo más pronto posible./El próximo lunes.

Expresiones usuales | *Usual expressions*

How much is it?
Jáu moch es et?
¿Cuánto es?

That will be $ ___.
Zdad uíl bi $ ___.
Son $ ___.

Frases relacionadas | *Related phrases*

What's the fare?
Juáts zda fer?
¿Cuál es la tarifa?

Where's the ticket office?
Juérs zda tíket ófis?
¿Dónde está la taquilla?

We have special rates for the weekend.
Uí jav spéshal réits for zda uíkend.
Tenemos tarifas especiales para el fin de semana.

Where to?
Juér tu?
¿A dónde?

Vocabulario | *Vocabulary*

taquilla - **ticket office** - *tíket ófis*
taquillero - **clerk** - *klerk*
ventanilla - **window** - *uíndóu*
viaje sencillo/redondo - **one way/round trip** - *uán uéi/ráund trep*

buscar - **look for** - *luk for*
comprar - **buy** - *bái*

formar fila - **get in line** - *guét en láin*
salir - **leave** - *líiv*
vender - **sell** - *sel*

abierto - **open** - *óupen*
cerrado - **closed** - *klóusd*
disponible - **available** - *avéilabol*
por adelantado - **in advance** - *en advǎns*

Para su información | *F.Y.I.*

It is convenient to buy your tickets in advance.
Es conveniente comprar sus boletos por adelantado.

Recuerde

Investigue de qué estación o aeropuerto sale su autobús, tren o avión.

Reservaciones y cancelaciones de BOLETOS

Ticket reservations and cancellations

- I'd like to reserve two seats for next Friday's performance.
Áid láik tu risérv tu sits for nekst fráidéis perfórmans.
Quiero reservar dos boletos para la función del próximo viernes.

- Please reserve a seat for tomorrow's 1:00 p.m. train to Washington, D.C.
Plís risérv a sit for tumárróus uán pí. em. tréin tu uáshinton, di si.
Por favor reserve un asiento para el tren de mañana a la 1:00 p.m. a Washington, D.C.

- Hello, I need to cancel my reservation for April 10; my name is ...
Jélou, ái nid tu kánsel mái reservéishon for Éipril ten; mái néim es ...
Hola, necesito cancelar mi reservación para el 10 de abril; mi nombre es ...

Expresiones usuales

Usual expressions

We are sold out.
Uí ar sóuld áut.
Boletos agotados./Localidades
agotadas.

Here you are.
Jíer yu ar.
Aquí tiene.

Frases relacionadas

Related phrases

**You'll have to pay cancellation
charges.**
*Yul jav tu péi kanseléishon
cháryes.*
Tendrá que pagar cargos de
cancelación.

**Are there any seats/tickets for
today?**
Ar zder éni sits/tíkets for tudéi?
¿Tiene asientos/boletos para hoy?

Vocabulario

Vocabulary

asiento - **seat** - *sit*
butaca - **seat** - *sit*
espectáculo - **show** - *shóu*
itinerario - **timetable** - *táimtéibol*
viaje - **trip** - *trep*
vuelo - **flight** - *fláit*

decir - **tell** - *tel*
llamar - **call** - *kol*
recoger - **pick up** - *pek ap*

popular - **popular** - *pópiular*
solicitado - **requested** - *rikuésted*
vendido - **sold** - *sóuld*

Para su información

F.Y.I.

**To avoid paying cancellation charges, be sure to cancel 24 hours in
advance.**
Para evitar el pago de cargos de cancelación, asegúrese de cancelar
con 24 horas de anticipación.

Recuerde

Pregunte hasta qué día u hora le reservan sus boletos.

Al cruzar la CALLE

Crossing the street

- Wait! The light is red.
Uéit! Zda láit es red.
¡Espere! El semáforo está en rojo.

- Oh! Thank you.
Óu! Zdenk yu.
¡Oh! Gracias.

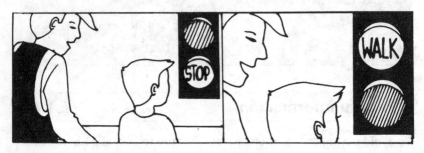

- Wait for the "WALK" sign.
Uéit for zda "UOK" sáin.
Espera a la señal de "WALK" (caminar).

- You can cross now.
Yu kan kros náu.
Ya puedes cruzar.

Be careful!
Bi kérful!
¡Cuidado!/¡Tenga cuidado!

Watch out!
Uách áut!
¡Cuidado!

Frases relacionadas   *Related phrases*

Don't walk.
Dóunt uók.
No cruce.

Walk.
Uók.
Cruce.

Vocabulario   *Vocabulary*

acera - **sidewalk** - *sáiduók*
auto - **car** - *kar*
esquina - **corner** - *kórner*
peatón - **pedestrian** - *pedéstrian*
rojo - **red** - *red*
semáforo - **traffic light** - *tráfik láit*
silla de ruedas - **wheelchair** - *juílcher*
verde - **green** - *grin*
zona para peatones - **pedestrian zone** - *pedéstrian zóun*

caminar - **walk** - *uók*
cruzar - **cross** - *kros*
detenerse - **stop** - *stop*
ver - **look at** - *luk at*

paciente - **patient** - *péishent*
respetuoso - **considerate** - *konsídereit*

Para su información   *F.Y.I.*

At certain streets, you will need to push a pedestrian button for crossing.
En ciertas calles, para cruzar deberá oprimir un botón especial para peatones.

Recuerde

Siempre cruce en las esquinas. De lo contrario, lo multarán.

Para registrar una CARTA

Registering a letter

- I'd like to register this letter.
Áid láik tu réyister zdes lérer.
Quisiera registrar esta carta.

- Please fill this out.
Plís fel zdes áut.
Llene esto, por favor.

- O.K., here you are.
Óu kéi, jíer yu ar.
Muy bien, aquí tiene.

- It's $_____.
Ets $_____.
Son $_____.

Frases relacionadas

Related phrases

How long will it take to get there?
Jáu long uíl et téik tu guét zder?
¿Cuánto tardará en llegar?

How much is it?
Jáu moch es et?
¿Cuánto es?

Vocabulario

Vocabulary

acuse de recibo - **acknowledgment** -
 aknólechment
cargo extra - **extra charge** - *ékstra
 chárch*
comprobante - **receipt** - *risít*
forma - **form** - *form*

enviar - **send** - *send*
escribir - **write** - *ráit*
garantizar - **guarantee** - *garantí*

importante - **important** - *impórtant*
mejor - **better** - *béter*
seguro - **safe** - *séif*

Para su información

F.Y.I.

Don't send cash by mail, registered or not.
No envíe dinero en efectivo por correo, certificado o no.

Recuerde

Certificar un envío garantiza su llegada oportuna.

Al llegar de visita a una CASA

Visiting a house

- Hi! Welcome! Do come in.
Jái! Uélkom! Du kom en.
¡Hola! ¡Bienvenido! Pasa.

- Thank you. I'm glad to see you.
Zdenk yu. Áim glad tu si yu.
Gracias. Gusto en verte.

- What would you like to drink?
Juát uúd yu láik tu drenk?
¿Qué quieres tomar?

- Some coffee./A glass of water, please.
Som kófi./A glas of uórer, plis.
Café./Un vaso de agua, por favor.

Expresiones usuales — *Usual expressions*

What's new?
Juáts niú?
¿Qué hay de nuevo?

Come again.
Kom aguén.
Regresa pronto.

My! You look great.
Mái! Yu luk gréit.
¡Caramba! Te ves muy bien.

Thank you so much!
Zdenk yu sóu moch!
Muchísimas gracias.

Frases relacionadas — *Related phrases*

It's nice to have you here.
Ets náis tu jav iú jíer.
Qué bueno que viniste.

Lunch is ready. Please join us.
Lonch es rédi. Plis yóin as.
La comida está lista. Por favor, siéntate.

Vocabulario — *Vocabulary*

anfitrión - **host** - *jóust*
anfitriona - **hostess** - *jóustes*
baño - **bathroom** - *bázdrrum*
cocina - **kitchen** - *kétchen*
comedor - **dining room** - *dáining rum*
invitado(a) - **guest** - *guést*
sala - **living room** - *léving rum*
saludo - **greeting** - *grítin*
visita - **visit** - *vísit*

despedirse - **say goodbye** - *séi gúdbái*

invitar - **invite** - *enváit*
ofrecer - **offer** - *ófer*
platicar - **talk** - *tok*
saludar - **greet** - *grit*
visitar - **visit** - *vísit*

acogedor(a) - **cozy** - *kóuzi*
bonito(a) - **pretty** - *príti*
grande - **big** - *beg*
pequeño(a) - **small** - *smol*

Para su información — *F.Y.I.*

Don't forget that in the U.S. lunch is usually served at 12:30 p.m. and supper between 5:30 y 7:00 p.m.
No olvide que en Estados Unidos generalmente se come a las 12:30 p.m. y se cena entre 5:30 y 7:00 p.m.

Recuerde

Ofrezca su ayuda para levantar la mesa y lavar los platos.

En el CINE

At the movies

- Three tickets, please.
Zdri tíkets, plís.
Tres boletos, por favor.

- Here you are.
Jíer yu ar.
Aquí tiene.

- Three colas and three chocolate bars, please.
Zdri kóulas and zdri cháckleit bars, plís.
Tres refrescos de cola y tres barras de chocolate, por favor.

- (Al ir a su asiento) **Excuse me, please.**
Ekskiús mi, plís.
Con permiso.

Expresiones usuales — *Usual expressions*

Wow! It was great!
Uáu! Et uós gréit!
¡Vaya! ¡Estuvo buenísima!

I didn't like it.
Ái dídent láik et.
No me gustó.

Frases relacionadas — *Related phrases*

Let's go to the movies.
Lets góu tu zda múvis.
Vamos al cine.

Did you like the film?
Ded yu láik zda felm?
¿Te gustó la película?

Vocabulario — *Vocabulary*

butaca - **seat** - *sit*
función - **performance** - *perfórmans*
pantalla - **screen** - *skrin*
película - **movie, film** - *múvi, felm*
taquilla - **box office** - *boks ófis*
tarde - **late** - *léit*
temprano - **early** - *érli*

disfrutar - **enjoy** - *enyói*
entrar - **go in** - *góu en*
oír - **hear** - *jíer*
salir - **go out** - *góu áut*
ver - **see** - *si*

divertido(a) - **amusing** - *amiúsing*
excelente - **excellent** - *ékselent*
interesante - **interesting** - *íntresting*

Al pedir y dar
CITAS

Asking for and setting up an appointment

- I'd like an appointment with Mr. Linch anytime this week.
Áid láik an apóinment uízd méster Linch énitáim zdes uík.
Quisiera una cita con el señor Linch esta semana.

- Next Thursday would be alright. 3 o'clock?
Nekst Zdérsdei uúd bi ólráit. Zdri oklók?
El próximo jueves está bien. ¿A las 3?

- Let's meet outside the movies at 8 o'clock tonight.
Lets mit áutsáid zda múvis at éit oklók tunáit.
Nos vemos esta noche a las 8 afuera del cine.

- I'll see you at the coffee shop tomorrow at 12:30.
Áil si yu at zda kófi shop tumárrou at tuélf zdéri.
Te veré mañana a las 12:30 en la cafetería.

Expresiones usuales — *Usual expressions*

What time?
Juát táim?
¿A qué hora?

I'm sorry I'm late.
Áim sorri áim léit.
Siento llegar tarde.

Frases relacionadas — *Related phrases*

Mr. ... will see you at ...
Méster ... uíl si yu at ...
El señor ... lo verá en ...

Mr. ... won't be able to see you.
Méster ... uónt bi éibol tu si yu.
El señor ... no podrá recibirlo.

Vocabulario — *Vocabulary*

cuándo - **when** - *juén*
dónde - **where** - *juér*
mañana (a.m.) - **morning** - *mórning*
mediodía - **noon** - *nuún*
noche - **evening** - *ívning*
puntualidad - **punctuality** - *ponkchuáliti*
secretaria - **secretary** - *sékretari*
tarde (p.m.) - **afternoon** - *áfternun*

aceptar - **accept** - *aksépt*
confirmar - **confirm** - *konférm*

dar - **give** - *guév*
esperar - **wait** - *uéit*
llegar tarde - **be late** - *bi léit*
pedir - **request** - *rikuést*
ser puntual - **be on time** - *bi on táim*

cumplido - **correct** - *korrékt*
honesto - **honest** - *ónest*
responsable - **responsible, dependable** - *rispónsibol, depéndabol*

Para su información — *F.Y.I.*

Office hours are usually:
8:00 - 16:00 or
9:00 - 17:00
Por lo general las horas de oficina son:
8:00 - 16:00 ó
9:00 - 17:00

Recuerde

Salga con tiempo suficiente para ser puntual en sus citas.

Conversaciones informales sobre el CLIMA (FRÍO/CALOR)

Informal conversations about the weather (cold-hot)

- What's the weather like outside?
Juáts zdi uéder láik áutsáid?
¿Cómo está el clima afuera?

- It's very hot.
Ets véri jot.
Hace mucho calor.

- It's getting cold, isn't it?
Ets guéting kóuld, ésent et?
Está enfriando, ¿verdad?

- It sure is.
Et shur es.
Vaya que sí.

Expresiones usuales | *Usual expressions*

It's freezing, isn't it?
Ets frísing, ésent et?
Está helando, ¿no?

Oh, am I hot!
Óu, am ái jot!
¡Caray, qué calor tengo!

Frases relacionadas | *Related phrases*

Turn the heater on.
Tern zda jíter on.
Enciende la calefacción.

Turn the air conditioner off.
Tern zdi er kondíshoner of.
Apaga el aire acondicionado.

Vocabulario | *Vocabulary*

brisa - **breeze** - *briís*
calor - **heat** - *jit*
fresco - **cool** - *kul*
frío (poco) - **chilly** - *chíli*
grado - **degree** - *digrí*
nieve - **snow** - *snóu*
temperatura - **temperature** - *témperchur*
viento - **wind** - *uínd*

abrigarse - **wear warm clothes** - *uér uárm klóuds*

calentarse - **warm up** - *uárm ap*
nadar - **swim** - *suím*
nevar - **snow** -*snóu*
quedarse en casa - **stay home** - *stéi jóum*
refrescarse - **freshen up** - *fréshen ap*

caliente - **hot** - *jot*
feliz - **happy** - *jápi*
frío - **cold** - *kóuld*
reconfortante - **comforting** - *komfórting*
tembloroso - **shaky** - *shéiki*

Para su información | *F.Y.I.*

Temperature is measured in Fahrenheit degrees.
La temperatura se mide en grados Fahrenheit.

Recuerde

Hablar del clima es una buena manera de iniciar una conversación.

Conversaciones informales sobre el CLIMA (LLUVIA/DÍA SOLEADO)

Informal conversations about the weather (rainy-sunny)

- What a nuisance! It's been raining all day.
Juát a niúsans! Ets bin réining ol déi.
¡Qué fastidio! Ha llovido todo el día.

- Yeah, and I forgot my umbrella.
Yéa, and ái forgót mái ombréla.
Sí, y olvidé mi paraguas.

- Good morning; it's a lovely day today.
Gud mórning; ets a lóvli déi tudéi.
Buenos días; es un día hermoso.

Expresiones usuales

Usual expressions

Taxi, taxi!
Táksi, táksi!
¡Taxi, taxi!

I love rainy days.
Ái lov réini déis.
Me encantan los días lluviosos.

Frases relacionadas

Related phrases

Can we share your umbrella?
Kan uí sher yur ombréla?
¿Compartimos tu sombrilla?

Let's go for a walk.
Lets góu for a uók.
Salgamos a caminar.

Be careful! The floor is wet.
Bi kérful! Zda flor es uét.
¡Cuidado! El piso está mojado.

Vocabulario

Vocabulary

granizo - **hail** - *jéil*
lluvia - **rain** - *réin*
sol - **sun** - *son*
sombrilla - **umbrella** - *ombréla*
tormenta - **storm** - *storm*

correr - **run** - *ron*
pasear - **take a walk** - *téik a uók*
proteger - **protect** - *protékt*

cómodo - **comfortable** - *kómfortabol*
empapado - **soaked** - *sóukt*
incómodo - **uncomfortable** - *onkómfortabol*
lluvioso - **rainy** - *réini*
mojado - **wet** - *uét*
neblinoso - **foggy** - *fógui*
nublado - **cloudy** - *kláudi*
resbaloso - **slippery** - *slíperi*
soleado - **sunny** - *sóni*
templado - **mild** - *máild*

Recuerde

Un paraguas siempre será un buen compañero de viaje.

Conversaciones informales sobre los COLORES

Informal conversations about colors

- Do you like this color?
Du yu láik zdes kólor?
¿Te gusta este color?

- No, I don't. I prefer light shades.
Nóu, ái dóunt. Ái prifér láit shéids.
No, prefiero los tonos pálidos.

- What's your favorite color?
Juáts yur féivoret kólor?
¿Cuál es tu color favorito?

Expresiones usuales

Usual expressions

This color suits you.
Zdes kólor suts yu.
Este color te queda bien.

What a lovely color!
Juát a lóvli kólor!
¡Qué bonito color!

Frases relacionadas

Related phrases

These colors match.
Zdis kólors match.
Estos colores combinan.

Those colors clash.
Zdóus kólors klash.
Esos colores no combinan.

Vocabulario

Vocabulary

amarillo - **yellow** - *iélou*
azul - **blue** - *blu*
azul marino - **navy blue** - *néivi blu*
beige - **beige** - *béish*
blanco - **white** - *juáit*
café - **brown** - *bráun*
combinación - **combination** -
   kombinéishon
gris - **grey** - *gréi*
lila - **lilac** - *láilak*
morado - **purple** - *pérpol*
naranja - **orange** - *óranch*
negro - **black** - *blak*

rojo - **red** - *red*
rosa - **pink** - *penk*
tono - **shade** - *shéid*
verde - **green** - *grin*

alegre - **lively** - *láivli*
bonito - **pretty** - *príti*
claro - **light** - *láit*
feo - **ugly** - *ógli*
fosforescente - **phosphorescent** -
   fosforésent
intenso - **deep** - *diíp*
oscuro - **dark** - *dark*
triste - **sad** - *sad*

Recuerde

Hay personas "invierno", "primavera", "verano" y "otoño" y colores
sugeridos para cada una de estas estaciones.

Al expresar
CONDOLENCIAS

Expressing your condolences

- I'm so sorry.
Áim sóu sórri.
Lo siento tanto.

- I'm very sorry. Let me know if I can be of any help.
Áim véri sórri. Let mi nóu ef ái kan bi of éni jelp.
Lo siento mucho. Dime si puedo ayudarte en algo.

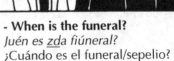

- Is there anything you need?
Es zder énizding yu nid?
¿Necesitas algo?

- When is the funeral?
Juén es zda fiúneral?
¿Cuándo es el funeral/sepelio?

I was very sorry to hear of ...'s death.
Ái uós véri sórri tu jíer of ...s dezd.
Sentí mucho enterarme de la muerte de ... .

Please accept my condolences.
Plís aksépt mái kondólenses.
Por favor acepte mis condolencias.

Vocabulario

Vocabulary

abrazo - **hug** - *jog*
ayuda - **help** - *jelp*
amigo(a) - **friend** - *frend*
dolor - **sorrow** - *sórrou*
funeral - **funeral** - *fiúneral*
lágrimas - **tears** - *tirs*
luto - **mourning** - *móurning*

acompañar - **accompany** - *akómpani*
llorar - **cry** - *krái*

afligido - **grieved** - *grivd*
muerto - **dead** - *ded*
triste - **sad** - *sad*

Recuerde

En Estados Unidos y Europa los sepelios generalmente se realizan varios días después del fallecimiento.

Para hacer envíos por CORREO

Sending something by mail

- I'd like to send this letter to Mexico City. How many stamps do I need?
Áid láik tu send zdes lérer tu Méksikóu Séri. Jáu méni stamps du ái nid?
Deseo enviar esta carta a la ciudad de México. ¿Cuántas estampillas necesito?

- You need a 30 cents stamp.
Yu nid a zdéri sents stamp.
Necesita una estampilla de 30 centavos.

- Where can I buy a money order?
Juér kan ái bái a móni órder?
¿Dónde puedo comprar un giro postal?

- Right here. Please fill out this form.
Ráit jíer. Plís fel áut zdes form.
Aquí. Por favor llene esta forma.

Expresiones usuales | *Usual expressions*

Where to?
Juér tu?
¿A dónde?

Good morning, sir/madam.
Gud morning, ser/mádam.
Buenos días, señor/señora.

Frases relacionadas | *Related phrases*

Can you weigh this parcel?
Kan yu uéi zdes pársel?
¿Puede pesar este paquete?

How long will it take to get to Mexico?
Jáu long uíl et téik tu guét tu Méksikoú?
¿En cuánto tiempo llegará a México?

Please give me ten 25 cents stamps.
Plís guév mi ten tuéni fáiv sents stamps.
Por favor deme diez estampillas de 25 centavos.

How can I fill this form?
Jáu kan ái fel zdis form?
¿Cómo lleno esta forma?

Vocabulario | *Vocabulary*

buzón - **mail box** - *méil boks*
correo aéreo - **airmail** - *érméil*
entrega inmediata - **special delivery** - *spéshal delíveri*
envío - **remittance, shipment** - *remítans, shípment*
oficina de correos - **post office** - *póust ófis*
paquete - **parcel** - *pársel*
sobre - **envelope** - *énvelóup*

amarrar - **tie** - *tái*
cerrar - **seal** - *siíl*
depositar - **deposit** - *dipósit*
pegar - **glue** - *glu*
pesar - **weigh** - *uéi*
recordar - **remember** - *rimémber*
sellar - **seal** - *sil*

contento - **happy** - *jápi*
emocionado - **thrilled** - *zdríld*
nostálgico - **homesick** - *jómsik*

Para su información | *F.Y.I.*

Most public places have automatic machines which sell stamps.
En la mayoría de los establecimientos públicos hay máquinas automáticas expendedoras de estampillas.

Recuerde

Antes de comprar estampillas en una máquina, averigüe la tarifa correspondiente a su envío.

Pago con
CHEQUES DE VIAJERO

Paying with traveler's checks

- **Do you accept traveler's checks?**
Du yu aksépt trávelers cheks?
¿Acepta cheques de viajero?

- **Yes, do you have an I.D.?**
Iés, du yu jav an áidi?
Sí, ¿tiene una identificación?

- **Can I pay with a traveler's check?**
Kan ái péi uízd a trávelers chek?
¿Puedo pagar con un cheque de viajero?

- **Sorry, cash only.**
Sórri, kash óunli.
Lo siento, sólo en efectivo.

Frases relacionadas ## Related phrases

Where can I cash some traveler's checks?
Juér kan ái kash som trávelers cheks?
¿Dónde puedo cambiar cheques de viajero?

Your phone number and address, please.
Yur fóun nomber and adrés, plís.
Su número telefónico y dirección, por favor.

Vocabulario ## Vocabulary

cambio - **change** - *chéinch*
cantidad - **amount** - *amáunt*
firma - **signature** - *ségnachur*
identificación - **identification** - *áidentifikéishon*

firmar - **sign** - *sáin*

hacer efectivo - **cash** - *kash*
mostrar - **show** - *shóu*

ansioso - **anxious** - *ánkshos*
urgente - **urgent** - *éryent*
valioso - **valuable** - *váliuabol*

Para su información ## F.Y.I.

Be sure to carry an identification with you.
Asegúrese de llevar una identificación.

Recuerde

Al comprar sus cheques de viajero, no olvide poner la primera firma. La segunda tendrá que hacerla en el momento de pagar con el cheque.

En el consultorio del DENTISTA

At the dentist's

- **What's wrong?**
Juáts rong?
¿Qué le sucede?

- **I have a toothache.**
Ái jav a túzdéik.
Tengo dolor de muelas.

- **Let me see. Does it hurt?**
Let mi si. Dos et jert?
Déjeme ver. ¿Le duele?

- **Yes.**
Iés.
Sí.

- **You need a filling.**
Yu nid a féling.
Necesita un empaste.

Expresiones usuales

Usual expressions

Please come back next Friday.
Plís kom bak nekst fráidéi.
Por favor, regrese el próximo
viernes.

Ouch! That hurts!
Óuch! Zdad jerts!
¡Ay! ¡Me duele!

Frases relacionadas

Related phrases

I'll have to extract your tooth.
Áil jav tu ekstrákt yur tuzd.
Tendré que sacarle la muela.

Do I have to come back?
Du ái jav tu kom bak?
¿Tengo que regresar?

Vocabulario

Vocabulary

anestesia - **anesthesia** - *anestíshia*
boca - **mouth** - *máuzd*
cepillo de dientes - **tooth brush** - *túzd brosh*
consultorio - **office** - *ófis*
diente - **tooth** - *tuzd*
encía - **gum** - *gom*
extracción - **extraction** - *ekstrákshon*
hilo dental - **dental floss** - *déntal flos*
inyección - **injection** - *enyékshon*
limpieza - **cleaning** - *klíning*
muela - **tooth** - *tuzd*
pasta de dientes - **toothpaste** - *túzdpéist*
sonrisa - **smile** - *smáil*

abrir - **open** - *óupen*
beber - **drink** - *drenk*
cerrar - **close** - *klóus*
enjuagarse - **rinse** - *rins*
escupir - **spit** - *spet*
recomendar - **recommend** - *rikoménd*
sangrar - **bleed** - *bliíd*

adolorido - **in pain** - *en péin*
asustado - **frightened** - *fráitend*
inflamado - **swollen** - *suólen*
miedoso - **scared** - *skerd*

Para su información

F.Y.I.

Before going to the dentist be sure to make an appointment and get information about the fee.
Antes de ir al dentista, no olvide hacer una cita y pedir información sobre los honorarios.

Recuerde

Pida a alguien conocido o a una persona del hotel donde se hospede que le recomiende un dentista.

Conversaciones informales sobre los DEPORTES

Informal conversations about sports

- **Do you practice any sport?**
Du yu práktes éni sport?
¿Practicas algún deporte?

- **Yes. I play tennis everyday.**
Iés. Ái pléi ténis évridéi.
Sí. Juego tenis todos los días.

- **Do you like sports?**
Du yu láik sports?
¿Te gustan los deportes/el deporte?

- **Of course I do. How about you?**
Of kors ái du. Jáu abáut yu?
Claro que sí. ¿Y a ti?

- **Which is your favorite sport?**
Juích es yur féivoret sport?
¿Cuál es tu deporte favorito?

- **Do you want to play ... with me?**
Du yu uánt tu pléi ... uízd me?
¿Quieres jugar ... conmigo?

Expresiones usuales — *Usual expressions*

Go, go, go!
Góu, góu, góu!
¡Vamos, vamos!

She/He is good!
Shi/Ji es good!
¡Qué buena(o) es!

Frases relacionadas — *Related phrases*

I'm a baseball fan.
Áim a béisbol fan.
Soy fanático del béisbol.

Did you watch yesterday's game?
Ded yu uátch iésterdeis guéim?
¿Viste el juego de ayer?

Vocabulario — *Vocabulary*

alberca - **swimming pool** - *suíming pul*
apuesta - **bet** - *bet*
árbitro - **referee, umpire** - *réferi, ampáier*
arena (de box) - **ring** - *reng*
artes marciales - **martial arts** - *márshal arts*
atleta - **athlete** - *ázdlit*
atletismo - **track and field** - *trak and fild*
automovilismo - **motoring** - *mótoring*
balonmano - **hand ball** - *jánd bol*
básquetbol - **basketball** - *básketbol*
béisbol - **baseball** - *béisbol*
boxeador - **boxer** - *bókser*
boxeo - **boxing** - *bóksing*
campo - **field** - *fild*
cancha - **court** - *kort*
corredor(a) - **runner** - *róner*
cuadrilátero - **ring** - *reng*
deportista - **sportsman, sportswoman** - *spórtsman, sportsuúman*
entrenador - **coach, manager** - *kóuch, mánayer*
estadio - **stadium** - *stéidium*
fútbol - **soccer** - *sóker*
fútbol americano - **football** - *fútbol*

gimnasia - **gymnastics** - *yimnástiks*
golf - **golf** - *golf*
jugador(a) - **player** - *pléyer*
nadador(a) - **swimmer** - *suímer*
natación - **swimming** - *suíming*
partido - **game, match** - *guéim, match*
pista - **track** - *trak*
tenis - **tennis** - *ténis*
tenista - **tennis player** - *ténis pléyer*
vóleibol - **volleyball** - *vólibol*

entrenar - **train** - *tréin*
ganar - **win** - *uín*
jugar - **play** - *pléi*
perder - **loose** - *lus*
practicar - **practice** - *práktis*

cansado - **tired** - *táierd*
en buen estado físico - **fit** - *fet*
enfadado - **upset** - *opsét*
favorito - **favorite** - *féivoret*
fuerte - **strong** - *strong*
tenaz - **tenacious** - *tenáshus*

Para su información — *F.Y.I.*

If you want to go to a game, you may buy the tickets at some stores or travel agencies.
Si desea asistir a un juego, puede comprar los boletos en algunas tiendas o agencias de viajes.

AI
DESPEDIRSE

When saying good-bye

- Good-bye.
Gúdbái.
Adiós.

- Bye, bye.
Bái, bái.
Adiós.

- See you later.
Si yu léirer.
Nos vemos más tarde.

- See you tomorrow/next... .
Si yu tumárrou/next... .
Nos vemos mañana/el próximo... .

- Good night. I had a great time.
Gud náit. Ái jad a gréit táim.
Buenas noches. Me divertí mucho.

- Thanks for inviting me.
Zdanks for enváitin mi.
Gracias por invitarme.

- Bye. Have a nice trip.
Bái. Jav a náis trep.
Adiós. Que tengas buen viaje.

- Nice seeing you.
Náis síing yu.
Gusto en verte.

Expresiones usuales / Usual expressions

Take care.
Téik ker.
Cuídate.

See you!
Si yu!
¡Nos vemos!

Frases relacionadas / Related phrases

Be sure to write.
Bi shur tu ráit.
No dejes de escribir.

Sleep well.
Slip uél.
Que duermas bien.

Come back soon.
Kom bak suún.
Regresa/Regresen pronto.

Let's do this again.
Lets du zdes aguén.
Hagamos esto de nuevo.

Vocabulario / Vocabulary

alegría - **happiness** - *jápines*
despedida - **farewell** - *féruél*
noche - **night** - *náit*
salida - **departure** - *dipárchur*
tristeza - **sadness** - *sádnes*

agradecer - **thank** - *zdenk*
despedirse - **say goodbye** - *séi gudbái*

irse - **go away** - *góu auéi*
regresar - **return** - *ritérn*

ansioso - **eager** - *íguer*
confiado - **confident** - *kónfident*
contento - **happy** - *jápi*
deprimido - **depressed** - *diprésd*
divertido - **amusing** - *amiúsing*

Solicitud de información
DÍAS DE LA SEMANA

Days of the week - Asking for information

- **When do you want your reservation for?**
Juén du yu uánt yur reservéishon for?
¿Para cuándo quiere su reservación?

- **Tuesday the 16th.**
Tiúsdei <u>zd</u>a sekstínzd.
El martes 16.

- **Do you open on Saturdays?**
Du yu óupen on sáturdéis?
¿Abren los sábados?

- **No, Monday to Friday only.**
Nóu, mándéi tu fráidéi oúnli.
No, sólo de lunes a viernes.

- **What day is today?**
Juát déi es tudéi?
¿Qué día es hoy?

Expresiones usuales | *Usual expressions*

Thank God it's Friday.
Zdank God ets fráidéi.
Gracias a Dios que es viernes.

Never on Sunday.
Néver on sándéi.
Nunca en domingo.

Frases relacionadas | *Related phrases*

See you Thursday.
Si yu zdérsdéi.
Te veré el jueves.

Come back next Wednesday.
Kom bak nekst uénsdéi.
Regrese el próximo miércoles.

Vocabulario | *Vocabulary*

ayer - **yesterday** - *yésterdei*
fin de semana - **weekend** - *uíkend*
mañana - **tomorrow** - *tumórrou*
semana - **week** - *uík*

lunes - **Monday** - *mándéi*
martes - **Tuesday** - *tiúsdéi*
miércoles - **Wednesday** - *uénsdéi*
jueves - **Thursday** - *zdérsdéi*
viernes - **Friday** - *fráidéi*
sábado - **Saturday** - *sáturdéi*
domingo - **Sunday** - *sándéi*

llamar - **call** - *kol*
recordar - **remember** - *rimémber*
visitar - **visit** - *vésit*

agradable - **pleasant** - *plésant*
especial - **special** - *spéshal*
hermoso - **lovely** - *lóvli*

Para su información | *F.Y.I.*

Some malls don't open on Sundays.
Algunos centros comerciales no abren los domingos.

Solicitud de información
DÍAS FESTIVOS

Holidays - Asking for information

- When is Thanksgiving Day?
Juén és Zdénksguéving Déi?
¿Cuando es el Día de Acción de
Gracias?

- The last Thursday in November.
Zda last Zdérsdéi en Nouvémber.
El último jueves de noviembre.

- Do you open on holidays?
Du yu óupen on jálidéis?
¿Abren los días festivos?

- Only our office at the airport.
Óunli áur ófis at zdi érport.
Sólo nuestra oficina en el
aeropuerto.

Enjoy yourself.
Enyói yursélf.
Diviértete. Que la pases bien.

Have a nice weekend.
Jav a náis uíkend.
Que tengas buen fin de semana.

Frases relacionadas | *Related phrases*

We don't work on holidays.
Uí dóunt uérk on jálidéis.
No trabajamos los días festivos.

When is the next holiday?
Juén es zda nekst jálidéi?
¿Cuándo es el próximo día festivo?

Is today a holiday?
Es tudéi a jálidéi?
¿Es día festivo hoy?

I love holidays.
Ái lov jálidéis.
Adoro los días festivos.

Vocabulario | *Vocabulary*

abierto(a) - **open** - *óupen*
celebración - **celebration** - *selebréishon*
cerrado(a) - **closed** - *klóusd*
desfile - **parade** - *paréid*
día de descanso - **day off** - *déi of*
fin de semana largo - **long weekend** -
  long uíkend

conmemorar - **commemorate** -
  komémoréit

descansar - **rest** - *rest*
disfrutar - **enjoy** - *enyói*
recordar - **remember** - *rimémber*
salir de la ciudad - **leave town** - *liív táun*
viajar - **travel** - *trável*

descansado - **relaxed** - *reláksd*
diferente - **different** - *díferent*
divertido - **entertaining** - *entertéining*

Para su información | *F.Y.I.*

**Some holidays are celebrated on Friday or Monday in order to make
a long weekend.**
Algunos días festivos se celebran en viernes o lunes para hacer puente
con el fin de semana.

Recuerde

La mayoría de las tiendas y oficinas cierran en días festivos.

Al ofrecer
DISCULPAS

When giving your apologies

- Please accept my apologies.
Plís aksépt mái apóloyis.
Por favor acepte mis disculpas.

- I'm sorry I'm late.
Áim sórri áim léit.
Siento llegar tarde.

- Pardon me!
Párdon mi!
¡Perdón!

- I apologize.
Ái apóloyais.
Discúlpeme.

Expresiones usuales | *Usual expressions*

Excuse me!
Ekskiús mi!
¡Perdón!

Sorry!
Sórri!
¡Lo siento!

I beg your pardon.
Ái beg yur párdon.
Le ruego me perdone.

Frases relacionadas | *Related phrases*

**I must cancel our appointment;
I'm very sorry.**
*Ái most kánsel áur apóintment;
áim véri sórri.*
Tengo que cancelar nuestra cita;
lo siento mucho.

Please forgive me, I forgot.
Plís forguév mi, ái forgót.
Por favor perdóname, lo olvidé.

Vocabulario | *Vocabulary*

cancelar - **cancel** - *kánsel*
cometer un error - **make a mistake** -
   méik a mestéik
dejar caer - **drop** - *drop*
olvidar - **forget** - *forguét*
retrasarse - **be late** - *bi léit*
romper - **break** - *bréik*

tropezar - **stumble** - *stómbol*

distraído - **absent-minded** - *ábsent
   máinded*
olvidadizo - **forgetful** - *forguétful*
torpe - **clumsy** - *klómsi*

Recuerde

Procure mostrar respeto a la persona con quien se cruce o llegue a
tropezar accidentalmente, diciendo "Excuse me" o algo parecido.

Conversaciones informales sobre la
EDAD

Informal conversations about age

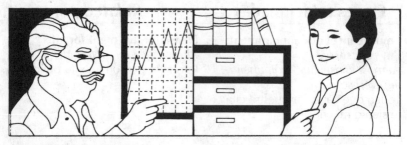

- How old are you?
Jáu óuld ar yu?
¿Cuántos años tiene(s)?

- I'm 24.
Áim tuéni for.
Tengo 24.

- How old are your children?
Jáu óuld ar yur chéldren?
¿Cuántos años tienen sus hijos?

- 9 and 12./They are 9 and 12 years old.
Náin and tuélv./Zdéi ar náin and tuélv íers óuld.
9 y 12./Tienen 9 y 12 años.

Expresiones usuales

Usual expressions

Are you over 18?
Ar yu óuver eitín?
¿Eres mayor de edad?

You look so young!
Yu luk sóu ióng!
¡Te ves tan joven!

You don't look your age.
Yu dóunt luk yur éich.
No aparentas tu edad.

Your age, please.
Yur éich, plís.
Su edad, por favor.

Frases relacionadas

Related phrases

When were you born?
Juén uér yu born?
¿Cuándo nació?

I won't tell you.
Ái uónt tel yu.
No te lo diré.

He's not of age yet.
Jis not of éich iét.
No está en edad todavía.

What is your birth date?
Juát es yur berzd déit?
¿Cuál es su fecha de nacimiento?

Vocabulario

Vocabulary

adolescente - **teenager** - *tinéiyer*
adulto - **adult** - *adólt*
anciano - **old** - *óuld*
bebé - **baby** - *béibi*
edad - **age** - *éich*
fecha de nacimiento - **date of birth** - *déit of berzd*
infante - **infant** - *énfant*
joven - **young** - *ióng*
niño(a) - **child** - *cháild*
secreto - **secret** - *síkret*

celebrar - **celebrate** - *sélebréit*

decir - **tell** - *tel*
informar - **inform** - *enfórm*
olvidar - **forget** - *forguét*
preguntar - **ask** - *ask*
recordar - **remember** - *rimémber*

discreto - **discreet** - *diskrít*
juvenil - **youthful** - *yúzdful*
maduro(a) - **mature** - *matiúr*
mayor - **older** - *óulder*
menor - **younger** - *iónguer*

Para su información

F.Y.I.

People under 18 are not allowed to buy cigarettes or liquor.
No se permite comprar cigarrillos ni bebidas alcohólicas a menores de 18 años.

Recuerde

Es indiscreto preguntar directamente a una dama su edad.

En una tienda de
ELECTRODOMÉSTICOS

At an electrical household appliances store

- Please show me some washing machines.
Plís shóu mi som uáshin mashíns.
Por favor muéstreme unas lavadoras.

- How much are they?
Jáu moch ar zdéi?
¿Cuánto cuestan?

- I'd like to see some video games.
Áid láik tu si som vídeo guéims.
Quisiera ver algunos vídeojuegos.

- These are on sale.
Zdís ar on séil.
Éstos están en barata.

- No, I want the newest you have.
Nóu, ái uánt zda niúest yu jav.
No, quiero los más nuevos que tenga.

Expresiones usuales

Usual expressions

This is high-tech.
Zdes es jái tek.
Éste es de alta tecnología.

This is an energy saver.
Zdes es an éneryi séiver.
Con esto ahorra energía.

Frases relacionadas

Related phrases

Can I have a demonstration?
Kan ái jav a demonstréishon?
¿Puedo ver cómo funciona?

Can I get spare parts in Mexico?
Kan ái guét sper parts en Méksikóu?
¿Puedo conseguir refacciones en México?

Vocabulario

Vocabulary

aparato - **appliance** - apláians
aspiradora - **vacuum cleaner** - vákium klíner
cafetera - **coffee-maker** - kófi méiker
calculadora - **calculator** - kálkiuléitor
certificado de garantía - **warranty certificate** - wárranti sertífikeit
cuchillo eléctrico - **electric knife** - eléktrik náif
enchufe - **plug** - plog
equipo de sonido - **stereo** - stéreo
equipo para disco compacto - **compact disk player (CD)** - kómpakt desk pléyer (sídí)
grabadora - **tape recorder** - téip rikórder
lavadora - **washing machine** - uáshin mashín
plancha - **iron** - áiron
radio - **radio** - réidio
refrigerador - **refrigerator** - refríyeréitor
sartén eléctrico - **electric pan** - eléktrik pan

secadora de pelo - **hair dryer** - jer dráier
secadora de ropa - **clothes dryer** - klóuzds dráier
televisor - **tv set** - tívi set
tostador de pan - **toaster** - tóuster
videograbadora - **video cassette recorder** (VCR) - vídio kasét rikórder (visiar)

descompuesto - **out of order** - áut of órder
nuevo - **new** - niú

apagar - **turn off** - tern of
conectar - **plug** - plog
desconectar - **unplug** - onplóg
encender - **turn on** - tern on
funcionar - **operate** - ópereit
instalar - **install** - instól

Para su información

F.Y.I.

You'll occasionally need to change some plugs.
Algunas veces necesitará cambiar el enchufe de los aparatos.

Recuerde

Solicite el certificado de garantía de cada artículo.

Para reportar
EQUIPAJE PERDIDO

Reporting lost baggage

- My bags did not arrive.
Mái bags ded not arráiv.
Mis maletas no llegaron.

- Can you fill out this form?
Kan yu fel áut zdes form?
¿Puede llenar esta forma?

- Where will you be staying?
Júer uíl yu bi stéing?
¿Dónde se hospedará?

- We'll send them as soon as possible.
Uíl send zdem as sun as pósibol.
Se las mandaremos lo más pronto posible.

Expresiones usuales

Usual expressions

I'm so upset! Can you help me?
Áim sóu opsét! Kan yu jelp mi?
¡Estoy tan preocupado! ¿Puede ayudarme?

We'll do everything we can to help you.
Uíl du évrizding uí kan tu jelp yu.
Haremos todo lo posible por ayudarlo.

Frases relacionadas

Related phrases

I lost my bags.
Ái lost mái bags.
Perdí mis maletas.

Where do you come from?
Juér du yu kom from?
¿De dónde viene?

When did you arrive?
Juén ded yu arráiv?
¿Cuándo llegó?

Do you have your tags?
Du yu jav yur tags?
¿Tiene sus contraseñas?

Vocabulario

Vocabulary

autobús - **bus** - *bas*
barco - **boat** - *bóut*
equipaje - **luggage** - *lógach*
ferrocarril - **train** - *tréin*
maleta - **suitcase, bag** - *sútkeis, bag*
número - **number** - *nómber*
vuelo - **flight** - *fláit*

buscar - **look for** - *luk for*

entregar - **deliver** - *delíver*
enviar - **send** - *send*
hospedarse - **stay** - *stéi*
reclamar - **claim** - *kléim*
sentirse mal - **feel bad** - *fil bad*

desconcertado - **disturbed** - *distérbd*
desesperado - **desperate** - *désperet*
servicial - **diligent** - *díliyent*

Recuerde

Guarde en un lugar seguro los comprobantes de su equipaje, en caso de una reclamación.

En un
ESTACIONAMIENTO
PÚBLICO

At a public parking lot

- **Do I park it myself?**
Du ái park et maisélf?
¿Lo estaciono yo?

- **Yes, please.**
Iés, plís.
Sí, por favor.

- **Do I have to leave the keys?**
No, you don't. Please lock it.
Du ái jav to liv zda kis? Nóu, yu dóunt. Plís lok et.
¿Tengo que dejar las llaves? No. Por favor ciérrelo.

- **What time do you close?**
Juát táim du yu klóus?
¿A qué hora cierran?

Slow down.
Slóu dáun.
Disminuya su velocidad.

Use your lights.
Iús yur láits.
Use las luces.

Frases relacionadas   *Related phrases*

Be sure to lock your car.
Bi shur tu lok yur kar.
Asegúrese de cerrar su auto.

We're not responsible for damage or loses.
Uír not rispónsibol for dámach or lóses.
No nos hacemos responsables por daños o pérdidas.

Go down/Go up.
Góu dáun/Góu op.
Baje/Suba.

Keep to your right.
Kip tu yur ráit.
Conserve su derecha.

Vocabulario   *Vocabulary*

automóvil - **car** - *kar*
camioneta - **wagon** - *uágon*
caseta - **booth** - *buzd*
entrada - **entrance** - *éntrans*
lleno - **full** - *ful*
objetos personales - **personal objects** - *personal óbyekts*
piso - **floor** - *flor*
privado - **private** - *práivat*
rampa - **ramp** - *ramp*
salida - **exit** - *éksit*
tarifa - **rate** - *réit*
tiempo - **time** - *táim*

bajar - **go down** - *góu dáun*
disminuir velocidad - **slow down** - *slóu dáun*
entrar - **go in** - *góu en*
manejar - **drive** - *dráiv*
pagar - **pay** - *péi*
recoger - **pick up** - *pek op*
regresar - **go back/come back** - *góu bak/kom bak*
salir - **go out** - *góu áut*
subir - **go up** - *góu op*

cuidadoso - **careful** - *kérful*
descuidado - **careless** - *kérles*
limpio - **clean** - *klin*

Para su información   *F.Y.I.*

Be sure to keep your ticket with you at all times.
Conserve su boleto.

Recuerde

No deje objetos personales a la vista.

Conversaciones sobre el
ESTADO CIVIL

Conversations about marital status

- **- Are you married?**
Ar yu márrid?
¿Es usted casada(o)?

- **- No. I'm divorced/single.**
Nóu, áim divórsd/séngol.
No, soy divorciada(o)/soltera(o).

- **- Your marital status, please.**
Yur márital státus, plís.
Su estado civil, por favor.

- **- I'm a widower./I'm a widow.**
Áim a uídouer./Áim a uídou.
Soy viudo./Soy viuda.

Expresiones usuales / *Usual expressions*

I live by myself.
Ái lev bái maisélf.
Vivo solo.

Would you marry me?
Uúd yu márri mi?
¿Te casas conmigo?

Frases relacionadas / *Related phrases*

He's a bachelor.
Jis a báchelor.
Es soltero.

She's separated.
Shis séparéited.
Está separada.

We're engaged.
Uír enguéicht.
Estamos comprometidos.

He's my fiancé.
Jis mái fiansé.
Es mi prometido.

Vocabulario / *Vocabulary*

boda - **wedding** - *uéding*
compromiso - **engagement** - *enguéichment*
divorcio - **divorce** - *divórs*
esposa - **wife** - *uáif*
esposo - **husband** - *jósband*
novia - **girlfriend** - *guérlfrend*
novio - **boyfriend** - *bóifrend*
novia (día de la boda) - **bride** - *bráid*
novio (día de la boda) - **groom** - *grum*

amar - **love** - *lov*
casarse - **get married** - *guét márrid*
gustar - **like** - *láik*
vivir juntos - **live together** - *liv tuguéder*

feliz - **happy** - *jápi*
solitario(a) - **lonely** - *lóunli*
solo - **alone** - *alóun*
triste - **sad** - *sad*

Para su información / *F.Y.I.*

Important wedding anniversaries: silver (25 years) and gold (50 years).
Aniversarios de boda importantes: plata (25 años) y oro (50 años).

Recuerde

Existen sitios de reunión o bares para personas solteras; pida informes a una persona de su confianza.

Información sobre EXCURSIONES

Information about tours

- I'd like to take a city tour. Can you arrange it for me?
Áid láik tu téik a séri tur. Kan yu arréinch et for mi?
Quisiera tomar un paseo por la ciudad. ¿Usted puede arreglármelo?

- Do you have a brochure of your tours?
Du yu jav a bróshur of yur turs?
¿Tiene un folleto de sus excursiones?

- Please reserve tour number ... for two people.
Plís risérv tur nómber ... for tu pípol.
Por favor reserve la excursión número ... para dos personas.

- Please contact the travel agency located in the lobby.
Plís kóntakt zda trável éiyensi lokéited en zda lóbi.
Por favor acuda a la agencia de viajes del vestíbulo.

- What time does tour number ... leave?
Juát táim dos tur nómber ... liív?
¿A qué hora sale la excursión ...?

- When do you want to leave?
Juén du yu uánt tu liív?
¿Cuándo desea salir?

Expresiones usuales / *Usual expressions*

Isn't it beautiful?
Ésen et biúriful?
¿No es precioso?/¡Qué bonito!

What's the price?
Juáts zda práis?
¿Cuál es el precio?

Frases relacionadas / *Related phrases*

We'll pick you up at your hotel at 7:30 A.M.
Uíl pek yu ap at yur joutél at séven zdéri éi em.
Le recogeremos en su hotel a las 7:30 a.m.

Do you have guided tours in Spanish?
Du yu jav gáided turs en Spánish?
¿Tiene excursiones con guía en español?

What does the tour include?
Juát dos zda tur enklúd?
¿Qué incluye la excursión?

Can you take a picture of us?
Kan yu téik a pékchur of as?
¿Nos puede tomar una fotografía?

Vocabulario / *Vocabulary*

altoparlante - **loud speaker** - *láud spíker*
autobús - **bus** - *bas*
guía - **guide/host/hostess** - *gáid/jóust/jóustes*
museo - **museum** - *miusíem*
visita turística - **sightseeing** - *sáitsíing*

mirar - **look** - *luk*
reunirse - **meet** - *mit*
tomar fotografías - **take pictures** - *téik pékchurs*
ver - **see** - *si*
visitar - **visit** - *vésit*

apresurarse - **hurry** - *jérri*
arreglar - **arrange** - *arréinch*
caminar - **walk** - *uók*
conocer - **know** - *nóu*

antiguo - **ancient** - *énshent*
atractivo - **attractive** - *atráctiv*
cultural - **cultural** - *kólchural*
pintoresco - **picturesque** - *pékchuresk*

Para su información / *F.Y.I.*

Please remain with your group.
Favor de permanecer con su grupo.

Recuerde

Una excursión por la ciudad y sus alrededores es la mejor manera de conocer sus principales puntos de interés. Después usted decidirá a dónde desea regresar.

Conversaciones sobre la FAMILIA

Conversations about the family

- **How many children do you have?**
Jáu méni chéldren du yu jav?
¿Cuántos hijos tiene?

- **My mother and I are here on vacation.**
Mái mózder and ái ar jíer on vakéishon.
Mi madre y yo vinimos de vacaciones.

- **Who are you staying with?**
Ju ar yu stéing uízd?
¿Con quién se hospedan?

- **Two. A girl and a boy.**
Tu. A guérl and a bói.
Dos. Una niña y un niño.

- **Do you have any brothers and sisters?**
Du yu jav éni brózders and sésters?
¿Tienes hermanos o hermanas?

- **With my grandma.**
Uízd mái gránma.
Con mi abuelita.

Isn't he/she cute?
Ésent ji/shi kiút?
¡Qué lindo(a)!

You're so big!
Yúr sóu beg!
¡Qué grande estás!

Frases relacionadas

Related phrases

Do you live with your parents?
Du yu lev uízd yur pérents?
¿Vives con tus padres?

Are you an only child?
Ar yu an óunli cháild?
¿Eres hijo(a) único(a)?

We are a family of five.
Uí ar a fámili of fáiv.
Somos cinco en la familia.

I have a large family.
Ái jav a larch fámili.
Mi familia es grande.

Vocabulario

Vocabulary

abuela - **grandmother** - *grándmózder*
abuelo - **grandfather** - *grándfázder*
cuñada - **sister-in-law** - *séster en lo*
cuñado - **brother-in-law** - *brózder en lo*
hija - **daughter** - *dórer*
hijo - **son** - *son*
nieta - **granddaughter** - *grándórer*
nieto - **grandson** - *grándson*
nietos - **grandchildren** - *gránchéldren*
nuera - **daughter-in-law** - *dórer en lo*
padre - **father** - *fázder*
parientes - **relatives** - *rélativs*
parientes políticos - **in-laws** - *en-los*
primo(a) - **cousin** - *kósin*
sobrina - **niece** - *nis*
sobrino - **nephew** - *néfiu*

suegra - **mother-in-law** - *mózder en lo*
suegro - **father-in-law** - *fázder en lo*
tía - **aunt** - *ant*
tío - **uncle** - *ónkel*
yerno - **son-in-law** - *son en lo*

amar - **love** - *lov*
gustar - **like** - *láik*
querer - **love** - *lov*

cariñoso - **affeccionate** - *afékshonet*
guapa - **good-looking** - *gúd lúking*
guapo - **handsome** - *jándsom*

Para su información

F.Y.I.

When talking about both sons and daughters, don't use the masculine term *sons*; use the general term *children*.
Cuando hable sobre hijos e hijas, no use el término masculino *sons*, sino el término general *children*.

Recuerde

El apelativo de los parientes políticos lleva el sufijo in-law; por ejemplo, cuñado: brother-in-law; suegro: father-in-law, etcétera.

En la
FARMACIA

At the pharmacy

- Can you fill out this prescription?
Kan yu fel áut zdes preskrípshon?
¿Puede despachar esta receta?

- Please give me some cough syrup/medicine.
Plís guév mi som kof sérep/ médisin.
Por favor deme un jarabe para la tos.

- Do you have something for a bad cold/indigestion?
Du yu jav sómzding for a bad kóuld/endaiyéschon?
¿Tiene algo para un(a) fuerte catarro/ indigestión?

- You need a prescription for this.
Yu nid a preskrípshon for zdes.
Para esto necesitas una receta médica.

Expresiones usuales

Usual expressions

I feel terrible!
Ái fil térribol!
¡Me siento muy mal!

He's pale.
Jis péil.
Está pálido.

Frases relacionadas

Related phrases

Can you recommend a doctor?
Kan yu rikoménd a dáktor?
¿Puede recomendarme un médico?

I have a fever. What can I take?
Ái jav a fíver. Juát kan ái téik?
Tengo fiebre. ¿Qué puedo tomar?

You should stay in bed and call a doctor.
Yu shud stéi en bed and kol a dáktor.
Debe guardar cama y llamar al médico.

This headache is killing me.
Zdes jédéik es kéleng mi.
Este dolor de cabeza me está matando.

Vocabulario

Vocabulary

algodón - **cotton** - *kóton*
analgésico - **analgesic** - *analyésik*
antiácidos - **antacids** - *antásids*
antibiótico - **antibiotic** - *antibaiórik*
botica - **pharmacy** - *fármasi*
dolor muscular - **muscular pain** - *móskiular péin*
gasa esterilizada - **sterilized gauze** - *stériláisd gos*
indigestión - **indigestion** - *indaiyéschon*
jeringa desechable - **disposable syringe** - *dispóusabol sérinch*
medicina, medicamento - **medicine, drug** - *médisin, drog*

píldora - **pill** - *pel*
pomada - **ointment** - *óintment*
tableta - **tablet** - *táblet*

mejorar - **feel better** - *fil bérer*
sanar - **cure** - *kiúr*
tomar - **take** - *téik*

adolorido - **in pain** - *en péin*
desdichado - **miserable** - *míserabol*
enfermo - **sick** - *sik*
enfermo - **ill** - *il*

Para su información

F.Y.I.

You will find drugstores ("supermarkets" without fresh food and with a complete pharmacy) and pharmacies.
Encontrará droguerías ("supermercados" sin alimentos frescos y con farmacia completa) y farmacias (boticas).

Recuerde

Para comprar antibióticos y medicinas delicadas necesitará receta médica.

En la
FERRETERÍA

At the hardware store

- **Can you show me the drill in the window?**
Kan yu shóu mi <u>zd</u>a drel en <u>zd</u>a uíndou?
¿Me muestra el taladro del aparador?

- **How much is that screwdriver?**
Jáu moch es <u>zd</u>ad skrudráiver?
¿Cuánto cuesta ese destornillador?

- **It's $ ... .**
Ets $ .... .
Cuesta $ .... .

- **Please give me two.**
Plís guév mi tu.
Por favor deme dos.

Frases relacionadas   *Related phrases*

I need a measuring tape.
Ái nid a méshuring téip.
Necesito una cinta métrica.

Do you have ... ?
Du yu jav ... ?
¿Tiene ... ?

Vocabulario   *Vocabulary*

clavo - **nail** - *néil*
herramientas - **tools** - *tuls*
llave de tuercas - **wrench** - *rench*
martillo - **hammer** - *jámer*
pinzas - **pliers** - *pláiers*
tornillo - **screw** - *şkru*

clavar - **nail** - *néil*
destornillar - **unscrew** - *ónskru*
funcionar - **work** - *uérk*

probar - **try** - *trái*
reparar - **repair** - *ripér*
usar - **use** - *iús*

descompuesto - **out of order** - *áut of
órder*
difícil - **hard** - *jard*
fácil - **easy** - *ísi*
útil - **useful** - *iúsful*

Para su información   *F.Y.I.*

**Department stores have a Hardware section where you can select on
your own whatever you need.**
Las tiendas de departamentos tienen una sección de Ferretería en la
que puede elegir por su cuenta lo que desee.

Recuerde

Los servicios de plomería y reparaciones son bastante caros, por lo
que es mejor hacerlo uno mismo.

En la estación de FERROCARRIL

At the railroad station

- What is the platform for the train to Kansas City?
Juát es zda plátform for zda tréin tu kánsas séri?
¿Cuál es el andén para el tren a la ciudad de Kansas?

- What time does train # ___ arrive?
Juát táim dos tréin nómber ___ arráiv?
¿A qué hora llega el tren #___?

- Where are the lockers?
Juér ar zda lókers?
¿Dónde están las gavetas?

- Where can I check the timetable for trains to California?
Juér kan ái chek zda táimtéibol for tréins tu kalifórnia?
¿Dónde puedo consultar el itinerario de los trenes a California?

Expresiones usuales

Usual expressions

All aboard!
Ol abórd!
¡Todos a bordo!

Tickets, please.
Tíkets, plís.
Sus boletos, por favor.

Hurry!/Hurry up!
Jérri!/Jérri óp!
¡Apúrate!

Dinner time!
Díner táim!
¡La hora de la cena!

Frases relacionadas

Related phrases

Does the train have a dining car?
Dos zda tréin jav a dáining kar?
¿Tiene carro comedor el tren?

Has the train from ... arrived?
Jas zda tréin from ... arráived?
¿Ya llegó el tren de ...?

The train is behind schedule.
Zda tréin es bijáind skédiul.
El tren está retrasado.

Where is the restroom?
Juér es zda réstrrum?
¿Dónde está el baño?

Vocabulario

Vocabulary

a tiempo - **on time** - *on táim*
carro dormitorio - **sleeping car** - *slíping kar*
estación - **station** - *stéishon*
ferrocarril - **railroad** - *réilrroud*
horario - **schedule** - *skédiul*
litera - **berth** - *berzd*
tarde - **late** - *léit*

apurarse - **hurry up** - *jérri op*
bajar - **get off** - *guét of*

cargar - **carry** - *kárri*
correr - **run** - *ron*
regresar - **come back** - *kom back*
subir - **get on** - *guét on*
viajar - **travel** - *trável*

cómodo - **comfortable** - *kómfortabol*
puntual - **on time** - *on táim*
veloz - **fast** - *fast*

Para su información

F.Y.I.

It is important to specify whether you want to travel on a Smoking or No-Smoking car.
Es importante especificar si desea viajar en un carro donde se permita o no fumar.

Recuerde

Si va a regresar a la misma estación de donde partió puede dejar parte de su equipaje en las gavetas.

En la GASOLINERÍA

At the gas station

- Two gallons of gas, please.
Tu gálons of gas, plís.
Dos galones de gasolina, por favor.

- Please check the tires and the oil.
Plís chek zda táiers and zdi óil.
Por favor revise las llantas y el aceite.

- Please give me a can of ... oil.
Plís guév mi a kan of ... óil.
Por favor deme una lata de aceite ...

- Refill it.
Rifél et.
Llénelo.

Expresiones usuales — *Usual expressions*

Have a nice trip.
Jav a náis trep.
Buen viaje.

Drive carefully.
Dráiv kérfuli.
Maneje con cuidado.

Frases relacionadas — *Related phrases*

Where are the restrooms?
Juér ar zda réstrrums?
¿Dónde están los baños?

Do you have sodas?
Du yu jav sóudas?
¿Tiene refrescos?

Vocabulario — *Vocabulary*

agua - **water** - *uórer*
aire - **air** - *er*
autoservicio - **self service** - *self sérvis*
baño - **restroom** - *réstrrum*
bomba de gasolina - **gasoline pump** - *gásolin pomp*
cajuela - **trunk** - *tronk*
llanta - **tire** - *táier*
llave - **key** - *ki*
parabrisas - **windshield** - *uíndshild*
plomo - **lead** - *led*
tanque - **tank** - *tank*

servicio completo - **full service** - *ful sérvis*
echar aire - **inflate** - *énfléit*
limpiar - **clean** - *klin*
llenar - **fill** - *fel*
revisar - **check** - *chek*

atento - **courteous** - *kértios*
lleno - **full** - *ful*
sin plomo - **unleaded** - *onléded*
vacío - **empty** - *émpti*

Para su información — *F.Y.I.*

You'll find self-service gas stations, where you order and pay at the cash register.

Existen gasolineras de autoservicio, en las que usted ordena y paga en la caja.

Recuerde

La gasolina se vende por galón (3.79 litros).

Compra y cambio de
GIROS BANCARIOS

Buying and cashing money orders

- I'd like to send a money order
to Mexico.
*Áid láik tu send a móni órder tu
Méksikóu.*
Quiero enviar un giro a México.

- Fill out this form.
Fel áut zdes form.
Llene esta forma.

- Can I cash this money order
here?
Kan ái kash zdes móni órder jíer?
¿Puedo cambiar este giro aquí?

- No, please go to window 3.
Nóu, plís góu tu uíndou zdri.
No, por favor vaya a la ventanilla 3.

Expresiones usuales

Usual expressions

I'll call you.
Áil kol yu.
Yo le llamo.

I'll be with you in a moment.
Áil bi uízd yu en a móument.
En un momento lo atenderé.

Frases relacionadas

Related phrases

Do you have an I.D.?
Du yu jav an áidi?
¿Tiene identificación?

May I see your passport?
Méi ái si yur pasport?
¿Puedo ver su pasaporte?

Vocabulario

Vocabulary

banco - **bank** - *bank*
cajero - **teller** - *téler*
comisión - **commission** - *komíshon*
¿cuánto? - **how much?** - *jáu moch?*
dinero en efectivo - **cash** - *kash*
¿dónde? - **where?** - *juér?*
empleado - **clerk** - *klerk*

enviar - **send** - *send*
escribir con letra de imprenta o de molde
  - **print** - *prent*
recibir - **receive** - *risív*

ocupado - **busy** - *bísi*
lento - **slow** - *slóu*
veloz - **quick** - *kuík*

Para su información

F.Y.I.

If you need to send or cash a money order, go to the nearest bank.
Si necesita enviar o cambiar un giro, acuda al banco más cercano.

Recuerde

Siempre que haga un trámite bancario u oficial, lleve consigo su
pasaporte.

Solicitud de información sobre la HORA

Asking for information about the time

- What time is it, please?
Juát táim es et, plís?
¿Qué hora es, por favor?

- Can you tell me the time?
Kan yu tel mi zda táim?
¿Me puede decir la hora?

- What's the time?
Juáts zda táim?
¿Qué hora es?

Expresiones usuales — *Usual expressions*

Oh, I'm late!
Óu, áim léit!
¡Oh, se me hizo tarde!

Am I still on time?
Am ái stel on táim?
¿Llego a tiempo?

Hurry up!
Jérri op!
¡Apresúrate!

Just in time!
Yost en táim!
¡Justo a tiempo!

Frases relacionadas — *Related phrases*

It's ten after two.
Ets ten áfter tu.
Son las dos y diez.

It's five to seven.
Ets fáiv tu séven.
Faltan cinco para las siete.

It's eight fourty-three.
Ets éit fóri zdri.
Son las 8:43.

It's a quarter past ten.
Ets a kuárer past ten.
Son las diez y cuarto.

It's nine thirty.
Ets náin zdéri.
Son las nueve y media.

A quarter to ___.
A kuárter tu ___.
Un cuarto para ___.

It's one/two/three/four/five/six/seven/eight/nine/ten/eleven/twelve o'clock.
Ets uán/tu/zdri/for/fáiv/seks/séven/éit/náin/ten/iléven/tuélv oklók.
Es la una/son las dos/tres/cuatro/cinco/seis/siete/ocho/nueve/diez/once/doce.

Vocabulario — *Vocabulary*

hora exacta - **o'clock** - *oklók*
media hora - **half hour, half an hour** - *jaf áuer, jaf an áuer*
minuto - **minute** - *mínet*
reloj de bolsillo - **watch** - *uátch*
reloj de pared - **clock** - *klok*
segundo - **second** - *sékond*
un cuarto de hora - **a quarter of an hour** - *a kuárer of an áuer*

correr - **run** - *ron*
entrar - **come in** - *kom en*
salir - **go out** - *góu áut*

adelantado - **fast** - *fast*
atrasado - **slow** - *slóu*

Para su información

The United States has four time zones which are different from Mexico's. East time: add one hour, Central time: the same. Mountain: delete one hour. Pacific: delete two hours. In some places, watches are advanced one hour during the summer.

Estados Unidos tiene cuatro husos horarios y es conveniente recordar la diferencia con México. Este: sume 1 hora. Centro: igual. Montaña: reste 1 hora. Pacífico: reste 2 horas. En algunos lugares, en el verano los relojes se adelantan una hora.

Recuerde

Si viaja de una región a otra en los Estados Unidos deberá estar pendiente del cambio de horario y tener a tiempo su reloj.

Solicitud de información sobre HORARIOS

Asking for information about schedules

- What time do stores open?
Juát táim du stors óupen?
¿A qué hora abren las tiendas?

- What time do you close?
Juát táim du yu klóus?
¿A qué hora cierran?

- What are the business hours?
Juát ar zda bésnes áuers?
¿Cuáles son las horas de oficina?

- When do tours to ... leave?
Juén du turs tu ... liív?
¿Cuándo salen los viajes a ...?

Expresiones usuales

Usual expressions

Yes, we're open.
Iés, uír óupen.
Sí, está abierto.

Sorry, we're closed.
Sórri, uír klóusd.
Lo siento, está cerrado.

Frases relacionadas

Related phrases

Do you open on Saturdays/ Sundays?
Du yu óupen on sáturdeis/sándéis?
¿Abren los sábados/domingos?

We serve breakfast/lunch/dinner from __ to __.
Uí serv brékfast/lonch/déner from __ tu __.
Servimos el desayuno/la comida/ la cena de __ a __.

Vocabulario

Vocabulary

banco - **bank** - *bank*
centro comercial - **mall** - *mol*
compras - **shopping** - *shóping*
horario - **timetable** - *táimtéibol*
información - **information** - *enforméishon*
mediodía - **noon** - *nuún*
tarde - **late** - *léit*
temprano - **early** - *érli*

averiguar - **find out** - *fáind áut*
empezar - **begin** - *biguín*
llegar - **get to** - *guét tu*
preguntar - **ask** - *ask*
terminar - **finish** - *fénesh*

apresurado - **hurried** - *jérrid*
atareado - **busy** - *bísi*
tranquilo - **calm** - *kalm*

Para su información

F.Y.I.

Stores in the downtown areas close on Sundays; most malls are open.
Las tiendas de las zonas céntricas cierran los domingos; la mayoría de los centros comerciales abren.

Recuerde

Todos los lugares de entretenimiento: cines, teatros, museos, parques, etcétera, abren en domingo y cierran un día de la semana, generalmente el lunes.

En el
HOSPITAL

At the hospital

- **I had an accident. Can you take care of me?**
Ái jad an áksident. Kan yu téik ker of mi?
Tuve un accidente. ¿Me puede atender?

- **Do you have an I.D.?**
Du yu jav an áidi?
¿Tiene identificación?

- **Please sign here.**
Plís sáin jíer.
Por favor firme aquí.

- **Please go to the X-ray department.**
Plís góu tu zda eks réi dipártment.
Por favor vaya a Rayos X.

- **The doctor will see you in a minute.**
Zda dáktor uíl si yu en a mínet.
El médico lo verá enseguida.

- **Where does it hurt?**
Juér dos et jert?
¿Dónde le duele?

Expresiones usuales — *Usual expressions*

How are you feeling?
Jáu ar yu fíling?
¿Cómo se siente?

Get well.
Guét uél.
Que se mejore.

Take care of yourself.
Téik ker of yursélf.
Cuídese.

Give me the bill.
Guév mi zda bil.
Deme mi cuenta.

Frases relacionadas — *Related phrases*

It hurts.
Et jerts.
Me duele.

Is it something serious?
Es et sómzding sírius?
¿Es serio?

I'm in pain.
Aim en péin.
Tengo mucho dolor.

Stay in bed for ___ days.
Stéi en bed for ___ déis.
Quédese en cama ___ días.

Vocabulario — *Vocabulary*

camilla - **stretcher** - *strétcher*
cirugía - **surgery** - *séryeri*
enfermera - **nurse** - *ners*
habitación - **room** - *rum*
medicamento - **medication** - *medikéishon*
pasillo - **aisle** - *áil*
primeros auxilios - **first aid** - *ferst éid*
quirófano, sala de operaciones - **operating room** - *óperéiting rum*
recibo (factura) - **bill** - *bel*
sala de espera - **waiting room** - *uéitin rum*
sala de urgencias - **emergency room** - *eméryensi rum*
seguro contra accidentes - **accident insurance** - *áksident enshúrans*
silla de ruedas - **wheelchair** - *juílcher*
tarjeta de crédito - **credit card** - *krédit kard*

curar - **cure, heal** - *kiúr, jil*
examinar - **examine** - *eksámin*
llamar - **call** - *kol*
mejorarse - **get better** - *guét bérer*
operar - **operate on** - *óperéit on*
recetar - **prescribe** - *priskráib*
recuperarse - **recover** - *rikóver*
preocuparse - **worry** - *uérri*
tomar medicina - **take medicine** - *téik médisin*

adolorido - **in pain** - *en péin*
enfermo - **ill** - *il*
preocupado - **worried** - *uérrid*
sano - **healthy** - *jélzdi*

Para su información

When checking in a hospital, you will need to present a credit card.
Cuando se registre en un hospital, deberá presentar una tarjeta de
crédito.

Recuerde

Los costos de los hospitales en Estados Unidos pueden resultar muy
altos; sin embargo, muchas tarjetas de crédito internacionales tienen
seguro contra accidentes.

Al dejar un HOTEL

Leaving a hotel

- I'm checking out. Can you send a bellboy? Room ___ .
Áim cheking áut. Kan yu send a bélboi? Rum ___ .
Estoy por salir del hotel. ¿Puede mandar un maletero? Habitación ____ .

- Can you help me with my luggage, please?
Kan yu jelp mi uízd mái lógach, plís?
¿Me puede ayudar con mis maletas, por favor?

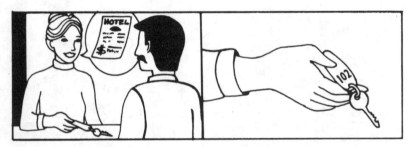

- Can I have my bill?
Kan ái jav mái bel?
¿Me da mi cuenta?

- Here's my key.
Jíers mái ki.
Aquí tiene mi llave.

Expresiones usuales

Have a nice trip. *Jav a náis trep.* Que tenga buen viaje.	**Come back soon.** *Kom bak sun.* Regrese pronto.

Usual expressions

Frases relacionadas

Would you like a taxi? *Uúd yu láik a táksi?* ¿Quiere un taxi?	**Can you call a taxi?** *Kan yu kol a táksi?* ¿Puede llamar un taxi?

Related phrases

Vocabulario
Vocabulary

cajero(a), caja - **cashier** - *kashíer*
cuenta - **check** - *chek*
factura - **invoice** - *énvois*
hora de salida - **check out time** -
   chekáut táim
pago rápido - **express check out** -
   eksprés chekáut

firmar - **sign** - *sáin*
pagar - **pay** - *péi*
revisar - **check** - *chek*

cansado - **tired** - *táierd*
esperanzado - **hopeful** - *jóupful*
pesado - **heavy** - *jévi*
satisfecho - **satisfied** - *sátisfaid*

Para su información
F.Y.I.

**Some hotels offer the express check out service (checking out from
your room).**
Algunos hoteles ofrecen el servicio expreso de salida (hacer el pago
desde su habitación).

Recuerde

La propina a los maleteros depende del número de maletas y el lugar;
de $ 0.50 a $ 1.00 US por pieza es algo razonable.

Al registrarse en un HOTEL

Checking in at a hotel

- **I have a reservation. The name is ...**
Ái jav a reservéishon. Zda néim es ...
Tengo una reservación. Mi nombre es ...

- **Please fill out this form.**
Plís fel áut zdes form.
Por favor llene esta forma.

- **Do you have a credit card?**
Du yu jav a krédit kard?
¿Tiene alguna tarjeta de crédito?

- **Please sign here.**
Plís sáin jíer.
Firme aquí, por favor.

- **You have room # ___ and this is your key.**
Yu jav rum nómber ___ and zdes es yur ki.
Tiene la habitación # ___ y ésta es su llave.

Expresiones usuales

Usual expressions

We are sold out.
Uí ar sóuld áut.
Estamos llenos.

Have a nice stay.
Jav a náis stéi.
Que tenga una agradable
estancia.

Frases relacionadas

Related phrases

**Do you have any rooms
available?**
Du yu jav éni rums avéilabol?
¿Tiene habitaciones disponibles?

I need a room for two nights.
Ái nid a rum for tu náits.
Necesito un cuarto por dos
noches.

Where can I get some ice?
Juér kan ái guét som áis?
¿Dónde puedo conseguir hielo?

Do you have a swimming pool?
Du yú jav a suíming pul?
¿Hay alberca?

Vocabulario

Vocabulary

circuito cerrado de televisión - **closed circuit TV** - *klóusd sérkuit tiví*
cuarto sencillo - **single room** - *séngol rum*
cuarto doble - **double room** - *dóbel rum*
elevador - **elevator** - *elevéiror*
impuesto - **tax** - *táks*
maletero - **bellboy** - *bélboi*
piso - **floor** - *flor*
propina - **tip** - *tep*
recepción - **registration, front desk** - *reyistréishon, front desk*

servicio de lavandería - **laundry service** - *lóndri sérvis*

firmar - **sign** - *sáin*
hospedarse - **stay** - *stéi*
llegar - **arrive** - *arráiv*
llevar - **take** - *téik*
subir - **go up** - *góu ap*

curioso - **curious** - *kiúrious*
tímido - **shy** - *shái*

Para su información

F.Y.I.

Most hotels will hold your reservations until 6 p.m. (unless you especify "late arrival").
La mayoría de los hoteles respetarán su reservación hasta las 6 p.m. (a menos que especifique que llegará más tarde).

Recuerde

A las tarifas de los hoteles se les carga un porcentaje de impuesto.

Al solicitar servicios al cuarto en el HOTEL

Asking for room service at the hotel

- **Can you send two Continental breakfasts with coffee?**
Kan yu send tu Kontinéntal brékfasts uízd kófi?
¿Puede mandarme dos desayunos continentales con café?

- **Certainly. Your room number, please.**
Sértenli. Yur rum nómber, plís.
Desde luego. Su número de habitación, por favor.

- **Your order will be there in 15 minutes.**
Yur órder uíl bi zder en feftín minets.
Se lo enviaremos en 15 minutos.

112   ONE HUNDRED TWELVE

Expresiones usuales | *Usual expressions*

Thank you very much.
Zdenk yu véri moch.
Muchas gracias.

Enjoy it.
Enyói et.
Buen provecho.

Frases relacionadas | *Related phrases*

Please leave it here.
Plís liív et jíer.
Por favor déjelo ahí.

Sorry, but I ordered a ham/cheese/bacon sandwich.
Sórri, bot ái órderd a jam/chiís/béikon sánduich.
Lo siento, pero yo pedí un emparedado de jamón/queso/tocino.

Vocabulario | *Vocabulary*

cargo por servicio - **service charge** - *sérvis charch*
cena TV - **TV dinner** - *tívi déner*
charola - **tray** - *tréi*
chico(a) - **small** - *smol*
emparedado - **sandwich** - *sánduich*
grande - **large** - *larch*
jarra - **mug** - *mog*
pan tostado - **toast** - *tóust*
taza de café/té - **cup of coffee/tea** - *kop of kófi/ti*
vaso de jugo/leche - **glass of juice/milk** - *glas of yus/melk*

firmar - **sign** - *sáin*
incluir - **include** - *enklúd*
ordenar - **order** - *órder*

caliente - **hot** - *jot*
frío - **cold** - *kóuld*
hambriento - **hungry** - *jángri*
impaciente - **impatient** - *impéishent*
sabroso - **tasty** - *téisti*

Para su información | *F.Y.I.*

When you order room service, the check usually includes the service charge (or tip).
Cuando pida servicio al cuarto, la cuenta usualmente incluirá el cargo por el servicio (o propina).

Recuerde

Si ordenó ya tarde por la noche, al terminar saque la charola de su cuarto.

En caso de INCENDIO

In case of fire

- **Fire!**
Fáier!
¡Fuego!

- **Call the firemen!**
Kol <u>zd</u>a fáiermen!
¡Llame a los bomberos!

- **There's a fire in ... .**
<u>Zd</u>ers a fáier en ... .
Hay un incendio en ... .

- **Please come quickly to ... .**
Plís kom kuíkli tu ... .
Por favor vengan rápido a ... .

- **Is there anybody trapped in ...?**
Es <u>zd</u>er énibodi trapt en ...?
¿Hay alguien atrapado en ...?

Expresiones usuales

Usual expressions

Oh, my God!
Óu, mái Gad!
¡Dios mío!

Watch out!
Uátch áut!
¡Tenga cuidado!

Frases relacionadas

Related phrases

In case of fire do not use the elevators.
En kéis of fáier du not iús zdi élevéitors.
En caso de incendio no use los elevadores.

Break in case of fire.
Bréik en kéis of fáier.
Rómpase en caso de incendio.

Vocabulario

Vocabulary

alarma de incendios - **fire alarm** - *fáier alárm*
extinguidor de incendios - **fire extinguisher** - *fáier ekstíngüísher*
escalera - **stairs** - *sters*
humo - **smoke** - *smóuk*
salida de emergencia - **emergency exit** - *eméryensi éksit*
salida para incendio - **fire exit** - *fáier éksit*

apagar - **extinguish** - *ekstíngüish*

asustarse - **be scared** - *bi skerd*
calmarse - **calm down** - *kalm dáun*
correr - **run** - *ron*
llamar - **call** - *kol*
gritar - **scream** - *skrim*

amenazado - **in danger** - *en déinyer*
asustado - **scared** - *skerd*
atemorizado - **frightened** - *fráitend*
caliente - **hot** - *jot*
intoxicado - **intoxicated** - *entóksikéited*

Para su información

F.Y.I.

In case of fire, dial 0 and the operator will connect you with the Fire Department.
En caso de incendio, marque el cero y la operadora le conectará con el Departamento de Bomberos.

Recuerde

No necesita´monedas para marcar el 0.

Al pedir
INFORMACIÓN
para llegar a alguna parte

Information - Asking how to get somewhere

- **How do I get to the downtown area?**
Jáu du ái guét tu <u>zd</u>a dáuntáun éria?
¿Cómo llego al centro?

- **Excuse me, do you know the way to ...?**
Ekskiús mi, du yu nóu <u>zd</u>a uéi tu ...?
Disculpe, ¿sabe cómo llegar a ...?

- **Which is the fastest way to ...?**
Juích es <u>zd</u>a fástest uéi tu ...?
¿Cuál es la vía más rápida para ...?

Expresiones usuales

Usual expressions

I think I'm lost.
Ái zdenk áim lost.
Creo que estoy perdido.

Can you help me, please?
Kan yu jelp mi, plís?
¿Me puede ayudar, por favor?

Frases relacionadas

Related phrases

Turn left/right.
Tern left/ráit.
Dé vuelta a la izquierda/derecha.

Go straight ahead.
Góu stréit ajéd.
Siga derecho.

It's four blocks from here.
Ets for bloks from jíer.
Está a cuatro cuadras de aquí.

Sorry, I don't know either.
Sorri, ái dóunt nou íder.
Lo siento, yo tampoco lo sé.

Vocabulario

Vocabulary

acera - **sidewalk** - *sáiduók*
avenida - **avenue** - *áveniu*
calle - **street** - *strit*
edificio - **building** - *bílding*
en la otra acera - **across the street** - *akrós zda strit*
esquina - **corner** - *kórner*
mapa - **map** - *map*
ruta - **route** - *rut*
semáforo - **traffic light** - *tráfik láit*

buscar - **look for** - *luk for*
caminar - **walk** - *uók*
detenerse - **stop** - *stop*
encontrar - **find** - *fáind*
perderse - **get lost** - *guét lost*
preguntar - **ask** - *ask*

confundido - **confused** - *konfiúsd*
equivocado - **wrong** - *rong*
inquieto - **troubled** - *tróbeld*
perdido - **lost** - *lost*

Para su información

F.Y.I.

Some bus stops have maps of the bus routes.
En algunas paradas de autobuses hay mapas de las rutas que siguen.

Recuerde

Traiga siempre consigo un mapa de la ciudad. Pídalo en su hotel o en la Oficina de Turismo.

Cuando no entienda la
INFORMACIÓN

If you don't understand the information

- Sorry, I don't understand.
Sórri, ái dóunt ónderstand.
Lo siento, no entiendo.

- I'm sorry, I don't speak English.
Áim sórri, ái dóunt spik Ínglish.
Lo siento, no hablo inglés.

- Could you repeat that, please?
Kud yu ripít zdad, plís?
¿Me lo puede repetir, por favor?

- Can you speak more slowly, please?
Kan yu spik mor slóuli, plís?
¿Puede hablar más despacio, por favor?

Expresiones usuales

Usual expressions

I beg your pardon?
Ái beg yur párdon?
¿Perdón?

What did you say?
Juát did yu sei?
¿Cómo dijo?

Frases relacionadas

Related phrases

What does this mean?
Juát dos zdes min?
¿Qué quiere decir esto?

Can you help me?
Kan yu jelp mi?
¿Puede ayudarme?

Vocabulario

Vocabulary

conversación - **conversation** - *konverséishon*
diálogo - **dialogue** - *dáialog*
pregunta - **question** - *kuéstion*
traducción - **translation** - *transléishon*

ayudar - **help** - *jelp*
entender - **understand** - *ónderstand*
escuchar - **listen to** - *lésen tu*

hablar - **speak** - *spík*
traducir - **translate** - *transléit*

confundido - **confused** - *confiúsd*
inseguro - **uncertain** - *onsérten*
paciente - **patient** - *péishent*

Recuerde

Al igual que en español, el acento en inglés varía según la persona y la región donde viva o de donde provenga.

Al hacer y aceptar
INVITACIONES

Making and accepting invitations

- Do you want to go to the movies tomorrow?
Du yu uánt tu góu tu zda múvis tumárrou?
¿Quieres ir al cine mañana?

- Let's have lunch together.
Lets jav lonch tuguézder.
Vamos a comer.

- Sure. What time?
Shur. Juát taim?
Claro. ¿A qué hora?

- That will be nice. What time?
Zdad uíl bi náis. Juát taim?
Será un placer. ¿A qué hora?

- Come to my place on Saturday.
Kom tu mái pléis on Sáturdéi.
Ven a la casa el sábado.

- Thank you, I'll be there.
Zdenk yu, áil bi zder.
Gracias, así lo haré.

Expresiones usuales — *Usual expressions*

I had a great time.
Ái jad a gréit táim.
Me divertí mucho.

Thanks a lot.
Zdanks a lot.
Muchas gracias.

Hi there!
Jái zder!
¡Qué tal!

Come back soon.
Kom bak sun.
Vuelvan pronto.

Frases relacionadas — *Related phrases*

Let me buy you a drink.
Let me bái yu a drenk.
Te invito una copa.

What shall I bring?
Juát shal ái breng?
¿Qué quieres que lleve?

Vocabulario — *Vocabulary*

almuerzo - **brunch** - *bronch*
baile - **ball, dance** - *bol, dans*
casa - **house** - *jáus*
comida en el jardín - **bar-b-Q, barbecue** - *bárbikiú*
día de campo - **picnic** - *péknek*
fiesta - **party, get together** - *pari, guét tuguézder*
fin de semana - **weekend** - *uíkend*
taza de café - **cup of coffee** - *kop of kófi*
vino - **wine** - *uáin*

acompañar - **go with** - *góu uízd*
bailar - **dance** - *dans*
comer - **eat** - *it*
reír - **laugh** - *laf*

agradecido - **grateful** - *gréitful*
contento - **glad** - *glad*
delicioso - **delicious** - *delíshius*

Para su información — *F.Y.I.*

Dinner is usually served sometime between 5:30 and 7:30 p.m.
Por lo general la cena se sirve entre las 5:30 y las 7:30 p.m.

Recuerde

Cuando le inviten a una casa particular, es de buen gusto llegar con algo de comer o beber.

En la JOYERÍA

At the jewelry store

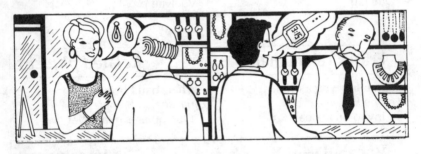

- **Can you show me some earrings?**
Kan yu shóu mi som írrings?
¿Puede mostrarme unos aretes?

- **Do you have quartz watches?**
Du yu jav kuártz uátches?
¿Tiene relojes de cuarzo?

- **I'd like to see some wedding rings.**
Áid láik tu si som uéding rengs.
Quisiera ver anillos de boda.

- **How much are these bracelets?**
Jaú moch ar zdis bréislets?
¿Cuánto cuestan estos brazaletes?

Expresiones usuales

Usual expressions

I'll take this ... .
Áil téik <u>z</u>des ... .
Me llevo este(a) ... .

It's lovely!
Ets lóvli!
¡Está precioso!

Frases relacionadas

Related phrases

This is on sale.
<u>Z</u>des es on séil.
Esto está en barata.

It's very expensive!
Ets véri ekspénsiv!
¡Es muy caro!

Vocabulario

Vocabulary

anillo - **ring** - *reng*
anillo de compromiso - **engagement ring** - *enguéichment reng*
broche para el pelo - **hair pin** - *jer pen*
cadena - **chain** - *chéin*
collar - **necklace** - *néklis*
diamante - **diamond** - *dáimond*
dije - **pendant** - *péndant*
joyería de fantasía - **costume jewelry** - *kóstium yúelrri*
oro - **gold** - *góuld*
plata - **silver** - *sélver*
prendedor - **broach** - *bróuch*
pulsera - **bracelet** - *bréislet*
quilate - **karat** - *kárat*
regalo - **present** - *présent*

reloj - **watch** - *uátch*

ahorrar - **save** - *séiv*
comprar - **buy** - *bái*
escoger - **select** - *selékt*
probarse - **try on** - *trái on*
regalar - **give** - *guév*

barato - **cheap** - *chip*
caro - **expensive** - *ekspénsiv*
enamorado - **in love** - *en lov*
pobre - **poor** - *puúr*
rico - **rich** - *rech*

En la JUGUETERÍA

At the toyshop

- **Please show me that doll.**
Plís shóu mi zdad dol.
Por favor muéstreme esa muñeca.

- **Do you have video games?**
Du yu jav vídeo guéims?
¿Tiene juegos de vídeo?

- **Can I see some electronic toys?**
Kan ái si som elektrónik tóis?
¿Puedo ver algunos juguetes electrónicos?

- **How does it work?**
Jáu dos et uérk?
¿Cómo funciona?

Expresiones usuales

Usual expressions

This is the latest model.
Zdes es zda léitest módel.
Éste es el modelo más reciente.

Isn't it lovely?
Ésent et lóvli?
¿No le parece precioso?

Frases relacionadas

Related phrases

How much is it?
Jáu moch es et?
¿Cuánto cuesta?

Does it work with batteries?
Dos et uérk uízd báderis?
¿Funciona con baterías?

Vocabulario

Vocabulary

canica - **marble** - *márbol*
carro - **car** - *kar*
casa de muñecas - **doll house** - *dol jáus*
departamento de juguetería - **toys department** - *tóis dipártment*
juego de té - **tea set** - *tí set*
muñecos de peluche - **stuffed animals** - *stoft ánimals*
oferta - **sale** - *séil*
patineta - **skateboard** - *skéitbord*
patines - **skates** - *skéits*
pelota - **ball** - *bol*

precio - **price** - *práis*

cambiar - **change** - *chéinch*
comparar - **compare** - *kompér*
disfrutar - **enjoy** - *enyói*
gustar - **like** - *láik*
jugar - **play** - *pléi*

animado - **excited** - *eksáited*
garantizado - **guaranteed** - *guarantíd*
"nuevecito" - **brand new** - *brand niú*
práctico - **practical** - *práktikal*

Para su información

F.Y.I.

Most self-service stores have a toy department.
La mayoría de las tiendas de autoservicio tienen un departamento de juguetería.

Recuerde

No olvide llenar la forma de garantía y enviarla a donde le indiquen.

En la LAVANDERÍA

At the laundry

- **Could you wash these clothes, please?**
Kud yu uásh <u>zd</u>is klóuds, plís?
¿Podría lavar esta ropa, por favor?

- **I need them for this afternoon.**
Ái nid <u>zd</u>em for <u>zd</u>es áfternun.
La necesito para esta tarde.

- **Sure, no problem.**
Shur, nóu próblem.
Claro, no hay problema.

- **What time shall I pick them up?**
Juát táim shal ái pek <u>zd</u>em op?
¿A qué hora la recojo?

Expresiones usuales

Usual expressions

You have ruined my clothes!
Yu jav rúind mái klóuzds!
¡Arruinaron mi ropa!

This fabric shrinks.
Zdes fábrek shrenks.
Esta tela encoge.

Frases relacionadas

Related phrases

Please don't use hot water.
Plís dóunt iús jot uórer.
Por favor no use agua caliente.

Can you iron the shirts?
Kan yu áiron zda sherts?
¿Puede planchar las camisas?

Please wash separately.
Plís uásh sépartli.
Lávelas por separado, por favor.

No starch, please.
Nóu starch, plís.
No le ponga almidón, por favor.

Vocabulario

Vocabulary

agua caliente - **hot water** - *jot uórer*
bolsillo - **pocket** - *póket*
empleado - **clerk** - *klerk*
gancho - **hanger** - *jánguer*
jabón - **soap** - *sóup*
lavadora - **washing machine** - *uáshing mashín*
sábana - **bed sheet** - *bed shiít*
suavizante - **softener** - *sóftener*
toalla - **towel** - *táuel*

enjuagar - **rinse** - *rens*

entregar - **deliver** - *delíver*
lavar en seco - **dry clean** - *drái klín*
lavar - **wash** - *uásh*
planchar - **iron** - *áfron*
recoger - **pick up** - *pek op*

doblado(a) - **folded** - *fóulded*
limpio(a) - **clean** - *klin*
olorosa - **fragrant** - *fréigrant*
planchada(o) - **ironed** - *áirond*
suave - **soft** - *soft*

Para su información

F.Y.I.

Bear in mind that laundry services can be very expensive.
Tenga en cuenta que el servicio de lavandería puede resultar muy caro.

Recuerde

Revise los bolsillos de la ropa antes de llevarla a lavar.

Conversaciones informales sobre el
LUGAR DE RESIDENCIA

*Informal conversations
about the place of residence*

- Where do you come from?
Juér du yu kom from?
¿De dónde viene?

- I'm from Mexico.
Áim from Méksikóu.
De México.

- Where are you from?
Juér ar yu from?
¿De dónde son ustedes?

- Mexico City.
Méksikóu Séri.
De la ciudad de México.

Expresiones usuales — *Usual expressions*

Oh, really?
Óu, ríli?
¿De veras?

Wonderful!
Uánderful!
¡Maravilloso!

Frases relacionadas — *Related phrases*

I'd love to visit your country.
Áid lov tu véset yur kóntri.
Me encantaría visitar tu país.

I've never been there.
Áiv néver bin zder.
Nunca he estado ahí.

Oh, I was there five years ago.
Óu, ái uós zder fáiv yíers agóu.
Oh, estuve ahí hace cinco años.

I loved it!
Ái lovd et!
¡Me encantó!

Vocabulario — *Vocabulary*

campo - **country, field** - *kóntri, fild*
cerca - **near** - *níer*
ciudad - **city** - *séri*
ciudadano - **citizen** - *sétisen*
estado - **state** - *stéit*
granja - **farm** - *farm*
lejos - **far** - *far*
municipio - **county** - *káunti*
nativo - **native** - *néitiv*
país - **country** - *kóntri*
población - **town** - *táun*
pueblo - **village** - *vélach*
residencia - **residence** - *résidens*

conocer - **meet** - *miít*
mudarse - **move** - *muúv*
nacer - **be born** - *bi born*
residir - **live** - *lev*
visitar - **visit** - *véset*

entusiasmado - **excited** - *eksáited*
extranjero - **foreign(er)** - *fórein(er)*
interesado - **interested** - *íntrested*
rural - **rural** - *rúral*
urbano - **urban** - *érban*

En el consultorio de un MÉDICO

At the doctor's office

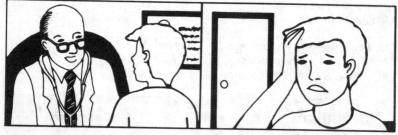

- What's wrong?
Juáts rong?
¿Qué le sucede?

- I have a terrible headache.
Ái jav a térribol jédeik.
Tengo un terrible dolor de cabeza.

- What are your symptoms?
Juát ar yur símptoms?
¿Cuáles son sus síntomas?

- I have indigestion./I have an upset stomach.
Ai jav indaiyéschon./Ái jav an opsét stómak.
Tengo indigestión./Tengo malestar estomacal.

- I have a fever.
Ái jav a fíver.
Tengo fiebre.

- I feel weak.
Ái fil uík.
Me siento débil.

Expresiones usuales

Usual expressions

I feel terrible!
Ái fil térribol!
¡Me siento muy mal!

I feel dizzy.
Ái fil dési.
Me siento mareado(a).

Frases relacionadas

Related phrases

Take one tablet every 8 hours.
Téik uán táblet évri éit áuers.
Tome una tableta cada 8 horas.

You have to rest.
Yu jav tu rest.
Tiene que descansar.

You'll feel better with this.
Yul fil bérer uízd zdes.
Se sentirá mejor con esto.

Have one of these.
Jav uán of zdis.
Tome una de éstas.

Vocabulario

Vocabulary

cólico - **colic** - *kólik*
diarrea - **diarrhea** - *daiarría*
estreñimiento - **constipation** -
  konstipéishon
gripa - **cold, flu** - *kóuld, flu*
presión arterial - **blood pressure** - *blod
  préshur*
servicio médico - **medical service** -
  médikal sérvis

descansar - **rest** - *rest*

diagnosticar - **diagnose** - *dáiagnóus*
examinar - **examine, check** - *eksámin,
  chek*
recetar - **prescribe** - *priskráib*
sentir - **feel** - *fil*

agotado - **exhausted** - *eksósted*
débil - **weak** - *uík*
estresado - **stressed** - *strésd*
indispuesto - **unwell** - *onuél*

Para su información

F.Y.I.

Most hotels have medical services available.
La mayoría de los hoteles tienen servicios médicos disponibles.

Recuerde

Los honorarios médicos en Estados Unidos son bastante altos.

Solicitud de información sobre los MESES

Asking for information about months

- When is the rainy season?
Juén es <u>zd</u>a réini síson?
¿Cuándo es la temporada de lluvias?

- July and August.
Yulái and Ógost.
Julio y agosto.

- Which are the coldest months?
Juích ar <u>zd</u>a kóuldest monzds?
¿Cuáles son los meses más fríos?

- It's been very hot this month, hasn't it?
Ets bin véri jot <u>zd</u>es monzd, jásent et?
Ha hecho mucho calor este mes, ¿verdad?

132   ONE HUNDRED THIRTY TWO

Expresiones usuales / *Usual expressions*

See you in two months!
Si yu en tu monzds!
¡Nos vemos en dos meses!

We'll come back in a few months.
Uíl kom bak en a fiú monzds.
Regresaremos en unos meses.

Frases relacionadas / *Related phrases*

My birthday is next month.
Mái bérzdéi es nekst monzd.
Mi cumpleaños es el próximo mes.

I arrived last month.
Ái arráivd last monzd.
Llegué el mes pasado.

I freeze in December!
Ái friíz en Disémber!
¡En diciembre me congelo!

I feel so hot in August!
Ái fil sóu jot en Ógost!
Me siento muy acalorado en agosto.

Vocabulario / *Vocabulary*

enero - **January** - *yánuari*
febrero - **February** - *fébruari*
marzo - **March** - *march*
abril - **April** - *éiprel*
mayo - **May** - *méi*
junio - **June** - *yun*
julio - **July** - *yulái*
agosto - **August** - *ógost*
septiembre - **September** - *septémber*
octubre - **October** - *októuber*
noviembre - **November** - *nouvémber*

diciembre - **December** - *disémber*

celebrar - **celebrate** - *sélebreit*
regresar - **come back** - *kom bak*
venir - **come** - *kom*

alegre - **cheerful** - *chírful*
triste - **sad** - *sad*

Al viajar en METRO

Traveling by subway

- **Which line do I take to get to ...?**
Juích láin du ái téik tu guét tu ...?
¿Qué línea me lleva a ...?

- **Where can I buy the tickets?**
Juér kan ái bái zda tíkets?
¿Dónde puedo comprar los boletos?

- **Two tickets to ... .**
Tu tíkets tu ... .
Dos boletos a ... .

- **Does this train go to ...?**
Dos zdes tréin góu tu ...?
¿Va este tren a ...?

Expresiones usuales

Usual expressions

Watch out!
Uátch áut!
¡Cuidado!

Use next door.
Iús nekst dor.
Use la siguiente puerta.

Frases relacionadas

Related phrases

Mind the doors!
Máind zda dors!
¡Cuidado con las puertas!

Next stop/Next station: ... .
Nekst stop/Nekst stéishon: ... .
La siguiente parada/La siguiente
estación: ... .

Next train going to: ... .
Nekst tréin going tu: ... .
El siguiente tren va a ... .

Let people out first.
Let pípol áut ferst.
Deje salir primero.

Vocabulario

Vocabulary

andén - **platform** - *plátform*
calle - **street** - *strít*
conductor - **driver** - *dráiver*
escalera eléctrica - **escalator** - *skaléitor*
escaleras - **stairs** - *sters*
estación - **station** - *stéishon*
letrero - **sign** - *sáin*
parada - **stop** - *stop*
salida - **exit** - *éksit*
siguiente - **next** - *nekst*
torniquete - **turnstile** - *ternstáil*
vagón - **car** - *kar*

vía - **track** - *trak*

abrir - **open** - *óupen*
apresurarse - **hurry, rush** - *jérri, rosh*
bajar - **get off** - *guét of*
cerrar - **close** - *klóus*
correr - **run** - *ron*
subirse - **get on** - *guét on*

apresurado - **hurried** - *jérrid*
apretujado - **squeezed** - *skuísd*
lleno - **full** - *ful*

Para su información

F.Y.I.

Before getting on the train, let people out.
Antes de subir al tren, deje bajar a los pasajeros.

Recuerde

Al subir o bajar por escaleras eléctricas, párese del lado derecho para
dejar pasar por el lado izquierdo a quienes tengan prisa.

Al pasar
MIGRACIÓN

Going through Immigration

- Your passport, please.
Yur pásport, plís.
Su pasaporte, por favor.

- One week./Two weeks.
Uán uík/Tu uíks.
Una semana./Dos semanas.

- Vacation/Holiday/Business.
Vakéishon/Jólidéi/Bésnes.
Vacaciones/Negocios.

- No, I don't.
Nóu, ái dóunt.
No, no tengo.

- How long will you be staying?
Jáu long uíl yu bi stéing?
¿Cuánto tiempo se quedará?

- What's the purpose of your trip?
Juáts zda pórpos of yur trep?
¿Cuál es el propósito de su viaje?

- Do you have any relatives in the United States?
Du yu jav éni rélativs en zdi lunáited Stéits?
¿Tiene parientes en Estados Unidos?

- Alright. Please go ahead.
Olráit. Plís góu ajéd.
Muy bien. Adelante, por favor.

Expresiones usuales / *Usual expressions*

Have a nice stay.
Jav a náis stéi.
Que disfrute su visita.

Next, please.
Nékst, plís.
El siguiente, por favor.

Frases relacionadas / *Related phrases*

This way, please.
Zdes uéi, plís.
Por aquí, por favor.

One moment, please.
Uán móument, plís.
Un momento, por favor.

Vocabulario / *Vocabulary*

agente de Migración - **Immigration officer** - *imigréishon ófiser*
ciudadano - **citizen** - *sétisen*
documento - **document** - *dókiument*
forma - **form** - *form*
línea (fila) - **line** - *láin*
mostrador - **counter** - *káunter*
negocios - **business** - *bísnes*
visa - **visa** - *vísa*

contestar - **answer** - *ánser*
esperar - **wait** - *uéit*
llenar - **fill out** - *fel áut*
preguntar - **ask** - *ask*
quedarse - **stay** - *stéi*

emocionado - **thrilled** - *zdríld*
impaciente - **impatient** - *impéishent*
nervioso - **nervous** - *nérvus*
tímido - **shy** - *shái*

Para su información / *F.Y.I.*

The Immigration officer will give you a slip which you must show when leaving the country.
El agente de Migración le dará una forma que deberá mostrar al salir del país.

Recuerde

Llene todas las formas antes de pasar a Migración y llévelas en la mano junto con su pasaporte.

Para pagar en dólares
MONEDA DE E.U.

US currency - Paying in dollars

- How much is it?
Jáu moch es et?
¿Cuánto es?

- It's $ 10.50.
Ets ten féfti.
Son $ 10.50.

- Do you have a 10 dollar bill?
Du yu jav a ten dólar bil?
¿Tiene un billete de 10 dólares?

- Your change is 75 cents.
Yur chéinch es séventi fáiv sents.
Su cambio son 75 centavos.

Expresiones usuales

Usual expressions

That's 2 bucks.
Zdads tu boks.
Son 2 dólares.

I need ten grand!
Ái nid ten grand!
¡Necesito diez mil dólares!

Frases relacionadas

Related phrases

Admission: 7.00.
Admíshon: séven dólars.
Admisión: 7.00

That will be $ 3.42.
Zdad uíl bi zdri fóri tu.
Son $ 3.42.

Vocabulario

Vocabulary

dinero - **money** - *móni*
moneda - **coin** - *kóin*
moneda de cinco centavos - **nickel** - *níkel*
moneda de diez centavos - **dime** - *dáim*
moneda de veinticinco centavos - **quarter** - *kuárer*
moneda de un centavo - **penny** - *péni*
recibo - **receipt** - *risít*

cambiar - **change** - *chéinch*

cobrar - **charge** - *charch*
contar - **count** - *káunt*
costar - **cost** - *kost*

barato - **inexpensive** - *inekspénsiv*
caro - **expensive** - *ekspénsiv*
complicado - **complicated** - *kómplikéited*
distinto - **different** - *díferent*
sencillo - **simple** - *símpol*

Para su información

F.Y.I.

Many things can be bought in vending machines which require exact change, e.g., 3 quarters or 2 quarters, 2 dimes and a nickel. There are also machines which exchange bills for coins.

Muchas cosas pueden comprarse en máquinas automáticas que requieren el cambio exacto, por ejemplo, tres monedas de 1 cuarto de dólar o dos cuartos, dos monedas de 10 centavos y una de 5. También hay máquinas que cambian billetes por monedas.

Recuerde

Antes de hacer sus compras, familiarícese con las monedas de diferentes denominaciones.

Al cambiar
MONEDA EXTRANJERA

Exchanging foreign currency

- I'd like to change some
Mexican pesos.
*Áid láik tu chéinch som Méksikan
pésous.*
Quisiera cambiar pesos
mexicanos.

- You'll have to go the nearest
money exchange.
*Yul jav tu góu tu <u>zd</u>a nírest móni
ekschéinch.*
Tiene que ir a la casa de cambio
más cercana.

- Can you change these Mexican
pesos?
*Kan yu chéinch <u>zd</u>is Méksikan
pésous?*
¿Puede cambiar estos pesos
mexicanos?

- Of course, the rate is ___ .
Of kors, <u>zd</u>a réit es___ .
Desde luego, la tasa es ___ .

Expresiones usuales

Usual expressions

Here you are.
Jíer yu ar.
Aquí tiene.

Do you have smaller bills?
Du yu jav smóler bils?
¿Tiene billetes más chicos?

Frases relacionadas

Related phrases

May I have your passport number?
Méi ái jav yur pásport nómber?
¿Me da su número de pasaporte?

I'm sorry, we don't accept pesos.
Áim sórri, uí dóunt aksépt pésous.
Lo siento, no aceptamos pesos.

Vocabulario

Vocabulary

banco - **bank** - *bank*
billete - **bill** - *bil*
caja - **cashier** - *kashíer*
cambio de moneda - **money exchange** - *móni ekschéinch*
firma - **signature** - *ségnachur*
moneda - **currency** - *kérrensi*

aceptar - **accept** - *aksépt*
contar - **count** - *káunt*
esperar - **wait** - *uéit*
recibir - **check** - *check*

en bancarrota - **broke** - *bróuk*
extraño - **alien** - *élien*
necesitado - **needy** - *nídi*

Para su información

F.Y.I.

The best place to change pesos into dollars is usually a money exchange.
Generalmente el mejor lugar para cambiar pesos a dólares es una casa de cambio.

Recuerde

Para evitar retrasos y pérdida financiera, es preferible comprar dólares o cheques de viajero en dólares antes de salir de viaje.

Al hospedarse en un MOTEL

Staying in a motel

- **Are there any vacancies?**
Ar zder éni véikansis?
¿Tiene cuartos disponibles?

- **For how many nights?**
For jáu méni náits?
¿Por cuántas noches?

- **You have room # ___. Please turn right and park in front of your room.**
Yu jav rum nómber ___. Plís tern ráit and park en front of yur rum.
Tiene la habitación número ___.
Por favor dé vuelta a la derecha y estaciónese frente a su cuarto.

Expresiones usuales   *Usual expressions*

Come again.
Kom eguén.
Regrese pronto.

Take care.
Téik ker.
Cuídense./Cuídese.

Frases relacionadas   *Related phrases*

Where do I park?
Juér du ái park?
¿Dónde me estaciono?

Sorry, we're sold out.
Sórri, uír sóuld áut.
Lo siento, estamos llenos.

Vocabulario   *Vocabulary*

alberca, piscina - **swimming pool** - *suíming pul*
camino para auto - **driveway** - *dráiuéi*
empleado - **clerk** - *klerk*
entrada - **entrance** - *éntrans*
lavandería - **laundry** - *lóndri*
máquina de refrescos - **soft drink machine** - *soft drenk mashín*
piso - **floor** - *flor*
recepción - **desk, registration** - *desk, reyistréishon*

firmar - **sign** - *sáin*
hospedarse - **stay** - *stéi*
manejar - **drive** - *dráiv*
registrarse - **check in** - *chek en*
salir - **check out** - *chek áut*

cansado - **tired** - *táierd*
desconocido - **unfamiliar** - *onfamíliar*
oscuro - **dark** - *dark*

Para su información   *F.Y.I.*

Most motels are out of town and are usually less expensive than hotels.
La mayoría de los moteles se encuentran en las afueras de la ciudad y generalmente son más económicos que los hoteles.

Recuerde

No todos los moteles tienen servicio de comedor.

Para entrar a un MUSEO

Going into a museum

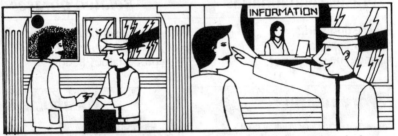

- **Do you have guidebooks in Spanish?**
Du yu jav gáidbuks en Spánish?
¿Tienen guías en español?

- **Go to the information desk.**
Góu tu zdi informéishon desk.
Vaya al mostrador de información.

- **What activities do you have today?**
Juát aktívitis du yu jav tudéi?
¿Qué actividades tienen hoy?

- **Can I take photographs?**
Kan ái téik fóutougrafs?
¿Puedo tomar fotografías?

- **What time do you close?**
Juát táim du yu klóus?
¿A qué hora cierran?

Expresiones usuales — *Usual expressions*

Do not touch.
Du not toch.
No tocar.

Silence, please.
Sáilens, plís.
Silencio, por favor.

Frases relacionadas — *Related phrases*

We have guided tours every 2 hours.
Uí jav gáided turs évri tu áuers.
Tenemos visitas guiadas cada 2 horas.

No food or beverages.
Nóu fud or bévrayes.
No pase con alimentos ni bebidas.

No flashlights.
Nóu fláshláits.
No use flash.

We'll close in five minutes.
Uíl klóus en fáiv mínets.
Cerraremos en cinco minutos.

Vocabulario — *Vocabulary*

arte - **art** - *art*
artesanía - **handcrafts** - *jándkrafts*
cultura - **culture** - *kólchur*
escultura - **sculpture** - *skólpchur*
exposición - **exhibition** - *eksibíshon*
libro - **book** - *buk*
pintura - **painting** - *péinting*
reproducción (de una obra de arte) -
  reproduction (of a work of art) -
  reprodókshon (of a uérk of art)
rollo, película - **film** - *felm*
sala - **room** - *rum*
tienda - **souvenir shop** - *súvenir shop*

abrir - **open** - *óupen*
admirar - **admire** - *admáier*
cerrar - **close** - *klóus*
escuchar - **listen to** - *lésen tu*
observar - **watch** - *uátch*

concentrado - **concentrated** -
  kónsentréited
enigmático - **enigmatic** - *enigmátik*
experto - **expert** - *ékspert*

Para su información — *F.Y.I.*

Museums do not open on Mondays.
Los museos no abren los lunes.

Recuerde

Si tiene poco tiempo, le recomendamos solicitar una visita guiada.

Conversaciones informales sobre la MÚSICA

Informal conversations about music

- **What kind of music do you like?**
Juát káind of miúsik du yu láik?
¿Qué tipo de música le gusta?

- **Do you like Heavy Metal?**
Du yu láik jévi métal?
¿Te gusta el metal pesado?

- **Soft/Classical/Rock.**
Soft/Klásikal/Rok.
Suave/Clásica/El rock.

- **Yes, I do.**
Iés, ái du.
Sí, me gusta.

- **There's a concert tomorrow. Do you want to go?**
Zders a kónsert tumárrou. Du yu uánt tu góu?
Hay un concierto mañana. ¿Quieres ir?

- **Who's playing?**
Jus pléing?
¿Quién toca?

Expresiones usuales

Usual expressions

I hate it!
Ái jéit et!
¡Lo odio!

I love it!
Ái lov et!
¡Me encanta!

Frases relacionadas

Related phrases

I like dancing. And you?
Ái láik dánsing. And yu?
Me gusta bailar. ¿Y a ti?

I can play the guitar/piano.
Ái kan pléi zda guitar/piáno.
Sé tocar la guitarra/el piano.

Vocabulario

Vocabulary

baile - **dance** - *dans*
batería - **drums** - *droms*
bocina - **speaker** - *spíker*
disco - **record** - *rékord*
disco compacto - **compact disk** -
  kómpakt desk
ecualizador - **equalizer** - *íkualáiser*
grupo (musical) - **band, group** - *band,
  grup*
guitarra - **guitar** - *guitár*
orquesta - **orchestra** - *órkestra*
piano - **piano** - *piáno*
sonido - **sound** - *sáund*
tocacintas - **tape recorder** - *téip rikórder*
tocadiscos - **record player** - *rékord pléier*

violín - **violin** - *váiolin*

bailar - **dance** - *dans*
disfrutar - **enjoy** - *enyói*
oír - **listen to** - *lésen tu*
tocar (un instrumento) - **play (an
  instrument)** - *pléi (an ínstrument)*

fabuloso - **great** - *gréit*
fuerte - **loud** - *láud*
hermoso - **beautiful** - *biúriful*
relajante - **relaxing** - *reláksing*
sonoro - **resonant** - *résonant*

Para reportar
OBJETOS PERDIDOS

Reporting lost objects

- I lost my wallet. Did you see it?
Ái lost mái uálet. Ded yu si et?
Perdí mi cartera. ¿La vio?

- No. Why don't you go to the Lost and Found Department?
Nóu. Juái dóunt yu góu tu zda Lost and Fáund Dipártment?
No. ¿Por qué no va al Departamento de Objetos Perdidos?

- Do you have a blue leather wallet?
Du yu jav a blu léder uálet?
¿Tiene una cartera azul de piel?

- Your name, please?
Yur néim, plís?
Su nombre, por favor.

- My name is ...
Mái néim es...
Mi nombre es...

- Yes, here it is.
Iés, jíer et es.
Sí, aquí está.

Expresiones usuales / *Usual expressions*

Thank you! You saved my life.
Zdenk yu! Yu séivd mái láif.
¡Gracias! Me salvó la vida.

What will I do?
Júat uíl ái du?
¿Qué voy a hacer?

Frases relacionadas / *Related phrases*

I can't find my ticket.
Ái kant fáind mái tíket.
No encuentro mi boleto.

Where did you leave it?
Juér ded yu liv et?
¿Dónde lo dejó?

Vocabulario / *Vocabulary*

boleto - **ticket** - *tíket*
bolsa - **bag** - *bag*
paquete - **package** - *pákach*
pasaporte - **passport** - *pásport*

averiguar - **find out** - *fáind áut*
buscar - **look for** - *luk for*

describir - **describe** - *diskráib*
encontrar - **find** - *fáind*
perder - **loose** - *lus*

angustiado - **distressed/upset** - *distrésd, opsét*
molesto - **angry** - *ángri*
preocupado - **worried** - *uérrid*

Para su información / *F.Y.I.*

Most public places have a Lost and Found Department.
En la mayoría de los sitios públicos hay un Departamento de Objetos Perdidos.

Recuerde

No deje su bolso por ningún motivo. Llévelo siempre consigo.

Conversaciones informales
sobre
OCUPACIONES

Informal conversations about occupations

- What do you do?
Juát du yu du?
¿A qué se dedica?

- I'm a secretary.
Áim a sékretari.
Soy secretaria.

- Where do you work?
Juér du yu uérk?
¿Dónde trabaja?

- I work at a restaurant; I'm a waiter.
Ái uérk at a réstorant; áim a uéiter.
Trabajo en un restaurante; soy mesero.

- What do you do for a living?
Juát du yu du for a léving?
¿En qué trabaja?

- I run a small shop.
Ái ron a smol shop.
Administro una pequeña tienda.

Expresiones usuales / *Usual expressions*

Oh, that sounds great!
Óu, zdad sáunds gréit!
¡Vaya, eso suena fabuloso!

The show mut go on.
Zda shóu most góu on.
La función debe seguir.

Frases relacionadas / *Related phrases*

What did you study?
Juát ded yu stódi?
¿Qué estudió?

She's a nurse.
Shis a ners.
Es enfermera.

Vocabulario / *Vocabulary*

cajero - **cashier** - *kashíer*
chofer - **driver** - *dráiver*
dependiente - **clerk** - *klerk*
mensajero - **office boy** - *ófis bói*
mesera - **waitress** - *uéitres*
policía - **policeman, policewoman** -
  polísman, polísuúman
recepcionista - **receptionist** -
  risépshonist
taxista - **taxi driver** - *táksi dráiver*
telefonista - **operator** - *óperéitor*

administrar - **manage, run** - *mánach, ron*
atender - **help** - *jelp*
estudiar - **study** - *stódi*
vivir - **live** - *lev*

ambicioso - **ambitious** - *ambíshus*
tenaz - **tenacious** - *tenáshus*
trabajador - **hard worker** - *jard uérker*

Para su información / *F.Y.I.*

You need a working permit to get a job in the U.S.
Para obtener empleo en Estados Unidos necesita un permiso de
trabajo.

Al llegar a una OFICINA

Going into an office

- Good morning, I'm Ms. ... .
Gud mórning, áim Mis ... .
Buenos días, soy la Sra. (Srita.) ... .

- Mr. ... will help you.
Méster ... uíl jelp yu.
El señor ... le ayudará.

- Do you rent bicycles?
Du yu rent báisikols?
¿Rentan bicicletas?

- I need to extend my visa. Can you help me?
Ái nid tu eksténd mái vísa. Kan yu jelp mi?
Necesito ampliar el plazo de mi visa. ¿Puede usted ayudarme?

- Do you have information about hotels in this area?
Du yu jav informéishon abáut joutéls en zdes éria?
¿Tiene información sobre hoteles en esta zona?

- Where is the ... department?
Juér es zda ... dipártament?
¿Dónde está el departamento de ...?

Expresiones usuales

Usual expressions

Wait a moment, please.
Uéit a móument, plís.
Espere un momento, por favor.

May I help you?
Méi ái jelp yu?
¿Puedo ayudarle?

Frases relacionadas

Related phrases

Is Mrs. ... in?
Es Méses ... en?
¿Está la señora ...?

Can I see the manager?
Kan ái si zda mánayer?
¿Puedo ver al gerente?

He's gone for the day.
Jis gon for zda déi.
Ya salió.

She's in a meeting.
Shis en a míting.
Está en una junta.

Vocabulario

Vocabulary

asiento - **seat** - *sit*
asistente - **assistant** - *asístant*
computadora - **computer** - *kompiúter*
conmutador - **switchboard** - *suíchbord*
escritorio - **desk** - *desk*
máquina de escribir - **typewriter** -
   táipráiter
mensaje - **message** - *mésach*
secretaria - **secretary** - *sékretari*
teléfono - **telephone** - *télefóun*

escribir a máquina - **type** - *táip*
investigar - **find out** - *fáind áut*
pedir - **ask for** - *ask for*
saludar - **greet** - *grit*
sentarse - **sit down** - *set dáun*

amable - **polite** - *poláit*
eficiente - **efficient** - *efíshent*
ordenado - **tidy** - *táidi*

Para su información

F.Y.I.

Office hours are usually 8 to 4 or 9 to 5.
Generalmente el horario de oficina es de 8 a 4 o de 9 a 5.

Recuerde

Salude e identifíquese antes de solicitar información o preguntar por
alguien.

En la PAPELERÍA

At the stationery shop

- **Where is the stationery?**
Juér es zda stéishoneri?
¿Dónde está el papel para escribir?

- **Do you have large envelopes?**
Du yu jav larch énvelóups?
¿Tiene sobres grandes?

- **I need a pencil sharpener, please.**
Ái nid a pénsel shárpener, plís.
Necesito un sacapuntas, por favor.

- **How much are these notebooks?**
Jáu moch ar zdis nóutbuks?
¿Cuánto cuestan estos cuadernos?

Expresiones usuales · *Usual expressions*

That will be $ ___.
Zdad uíl bi $ ___.
Son $ ___.

I don't have any change.
Ái dóunt jav éni chéinch.
No tengo cambio.

Frases relacionadas · *Related phrases*

Do you have it in another color?
Du yu jav et en anózder kólor?
¿Lo tiene en otro color?

We don't have them anymore.
Uí dóunt jav zdem énimor.
Ya no los tenemos.

Vocabulario · *Vocabulary*

carpeta - **binder** - *báinder*
cinta adhesiva - **tape** - *téip*
engrapadora - **stapler** - *stéipler*
goma de borrar - **eraser** - *irréiser*
grapas - **staples** - *stéipols*
hoja - **sheet** - *shíft*
lápiz - **pencil** - *pénsel*
papel - **paper** - *péiper*
papel carbón - **carbon paper** - *kárbon péiper*
pluma - **pen** - *pen*
regla - **ruler** - *rúler*
sujetapapel - **clip** - *clep*

archivar - **file** - *fáil*
borrar - **erase** - *irréis*
dibujar - **draw** - *dro*
escribir - **write** - *ráit*

bonito - **pretty** - *príti*
funcional - **practical** - *práktikal*
necesario - **necessary** - *nésesari*
útil - **useful** - *iúsful*

Para su información · *F.Y.I.*

Most stationery shops are self-service.
La mayoría de las papelerías son de autoservicio.

Recuerde

Puede encontrar bonitos regalos en las papelerías.

En el
PARQUE DE DIVERSIONES

At the amusement park

- Where is the ticket office?
Juér es zda tíket ófis?
¿Dónde está la taquilla?

- Next to the information desk.
Nekst tu zdi enforméishon desk.
Junto al mostrador de información.

- You'll have to stand in line.
Yul jav tu stand en láin.
Tendrás que formarte.

Expresiones usuales

Usual expressions

Wait here!
Uéit jíer!
¡Espere aquí!

Oh, I'm dizzy!
Óu, áim dési!
¡Ay, estoy mareado(a)!

Frases relacionadas

Related phrases

Children under seven are not allowed.
Chéldren ónder séven ar not aláud.
No se permite la entrada a niños menores de 7 años.

Step ahead.
Step ajéd.
Un paso adelante.

Vocabulario

Vocabulary

adelante - **ahead** - *ajéd*
atrás - **behind** - *bijáind*
carros chocones - **bumper cars** - *bómper kars*
carrusel - **merry-go-round** - *merri-góuráund*
casa de los sustos - **haunted house** - *jáunted jáus*
cinturón de seguridad - **seat belt** - *sit belt*
espejo - **mirror** - *mírror*
palomitas de maíz - **popcorn** - *pópkorn*
rueda de la fortuna - **ferris wheel** - *férris juíl*

bajar - **get off** - *guét of*
dar vueltas - **go round** - *góu ráund*
detener - **stop** - *stop*
divertirse - **have fun** - *jav fon*
gritar - **scream** - *skrim*
subir - **get on** - *guét on*

excitado - **excited** - *eksáited*
mareado - **dizzy** - *dési*
rápido - **fast** - *fast*

Para su información

F.Y.I.

Amusement parks usually have restaurants (eateries) and shops, so that you can stay the whole day in them.
Los parques de diversiones generalmente tienen restaurantes y tiendas, para que pueda quedarse ahí todo el día.

Recuerde

Los niños menores de 7 años no son admitidos en muchos de los juegos.

Si pierde su PASAPORTE

If you lose your passport

- I lost my passport. What can I do?
Ái lost mái pásport. Juát kan ái du?
Perdí mi pasaporte. ¿Qué puedo hacer?

- Where is the Mexican Embassy/Consulate?
Juér es zda Méksikan émbasi/kónsuléit?
¿Dónde está la embajada/el consulado mexicana(o)?

- I can't find my passport. Can you give me a new one?
Ái kant fáind mái pásport. Kan yu guév mi a niú uán?
No encuentro mi pasaporte. ¿Me puede dar uno nuevo?

- Where can I report the loss of my passport?
Juér kan ái ripórt zda los of mái pásport?
¿Dónde puedo informar de la pérdida de mi pasaporte?

Expresiones usuales

Usual expressions

Oh, what am I going to do?
Óu, juát am ái góing tu du?
Oh, ¿qué voy a hacer?

Calm down.
Kalm dáun.
Cálmate.

Frases relacionadas

Related phrases

When did you notice the loss?
Juén ded yu nótis zda los?
¿Cuándo se dio cuenta del extravío?

Where do you think you lost it?
Juér du yu zdenk yu lost et?
¿Dónde cree que lo perdió?

You'll have to go to your Embassy.
Yul jav tu góu tu yur émbasi.
Tendrá que ir a su embajada.

Your embassy is on ___.
Yur émbasi es on ___.
Su embajada está en ___.

Vocabulario

Vocabulary

autoridades - **authorities** - *ozdóritis*
documento - **document** - *dókiument*
forma - **form** - *form*
identificación - **identification** - *áidentifikéishon*
lugar - **place** - *pléis*
número - **number** - *nómber*

buscar - **look for** - *luk for*

investigar - **find out** - *fáind áut*
llorar - **cry** - *krái*
perder, extraviar - **lose** - *lús*
regresar - **return** - *ritérn*
salir - **leave** - *líiv*

confundido - **confused** - *konfiúsd*
desesperado - **desperate** - *déspéreit*
organizado - **organized** - *órgánaisd*

Para su información

F.Y.I.

Report the loss of your passport to the nearest authority.
Reporte la pérdida de su pasaporte a las autoridades más cercanas.

Recuerde

Anote en lugar seguro el número de su pasaporte.

En la PELUQUERÍA

At the barbershop

- What can I do for you?
Juát kan ái du for yu?
¿En qué puedo servirle?

- I want my hair cut.
Ái uánt mái jer cot.
Quiero que me corten el cabello.

- Can you cut my hair?
Kan yu kot mái jer?
¿Puede cortarme el cabello?

- I want a shave, please.
Ái uant a shéiv, plís.
¿Me puede rasurar, por favor?

Expresiones usuales

Usual expressions

Would you like to read a magazine?
Uúl yu láik tu rid a mágazin?
¿Quiere una revista?

All set, sir.
Ol set, ser.
Listo, señor.

Frases relacionadas

Related phrases

No spray/No vaseline, please.
Nóu spréi/Nóu váselin, plís.
No me ponga spray
(laca)/vaselina, por favor.

Don't use the hair dryer, please.
Dóunt iús zda jer dráier, plís.
No use secadora, por favor.

Vocabulario

Vocabulary

barba - **beard** - *berd*
bigote - **moustache** - *móstach*
espejo - **mirror** - *mírror*
navaja - **razor** - *réizor*
patilla - **sideburn** - *sáidbern*
peluquero - **barber** - *bárber*
secadora - **hair dryer** - *jer dráier*
tijeras - **scissors** - *sésors*
toalla - **towel** - *táuel*

lavar - **wash** - *uásh*
recortar - **trim** - *trem*
secar - **dry** - *drái*

atrayente - **appealing** - *apíling*
corto - **short** - *short*
de moda - **in** - *en*
elegante - **stylish** - *stáilish*
lacio - **straight** - *stréit*
rizado - **curly** - *kérli*

Recuerde

Vale la pena averiguar las tarifas antes de entrar a una peluquería.

Solicitud de información sobre
PESOS Y MEDIDAS

Asking for information about weights and measures

- How much does this weigh?
Jáu moch dos zdes uéi?
¿Cuánto pesa esto?

- How many yards do you want?
Jáu méni iárds du yu uánt?
¿Cuántas yardas desea?

- What is a pint in liters?
Juát es a páint en líters?
¿Cuánto es una pinta en litros?

- 0.4732 l.
Zírou póint for séven zdri tu líters.
0.4732 litros.

Expresiones usuales

Half a pound, please.
Jaf a páund, plís.
Media libra, por favor.

A pint of beer, please.
A páint of bíer, plís.
Un vaso (una pinta) de cerveza,
por favor.

Vocabulario

Vocabulary

báscula - **scale** - *skéil*
centímetro - **centimeter** - *sentímeter*
cinta métrica - **measuring tape** -
  méshuring téip
galón (3.7853 l) - **gallon** - *gálon*
grado - **degree** - *digrí*
gramo - **gram** - *gram*
kilogramo (2.20462 libras) - **kilogram** -
  kílogram
pie (30.48 cm) - **foot** - *fut*
pulgada (2.54 cm) - **inch** - *ench*
taza de medir - **measuring cup** -
  méshuring kop
temperatura - **temperature** - *témperchur*

comparar - **compare** - *kompér*
cortar - **cut** - *kat*
doblar - **fold** - *fóuld*
empacar - **pack** - *pak*
envolver - **wrap** - *rap*
llevar - **take** - *téik*
medir - **measure** - *méshur*
pesar - **weigh** - *uéi*

ancho - **wide** - *uáid*
angosto - **narrow** - *nárrou*
corto - **short** - *short*
largo - **long** - *long*
liviano - **light** - *láit*
pesado - **heavy** - *jévi*

Para su información

F.Y.I.

The metric system is just being introduced in the United States.
En Estados Unidos se está introduciendo apenas el sistema métrico
decimal.

A mile is equal to 1.6093 kilometers.
Una milla equivale a 1.6093 kilómetros.

1 ounze = 29.5737 ml.
1 onza = 29.5737 ml.

There are 0.4536 g in a pound.
Hay 0.4536 g en una libra.

Recuerde

La temperatura anunciada se mide en grados Fahrenheit (30°C = 86°F;
0°C = 32°F).

Al presentar a alguien
PRESENTACIONES

Introducing someone

- **Let me introduce my boss/my friend, ...**
Let mi introdiús mái bos/mái frend, ...
Permítame presentarle a mi jefe/ mi amigo, ...

- **Glad to meet you.**
Glad tu mit yu.
Gusto en conocerle.

- **John, this is my girlfriend, Sara.**
Yon, zdes es mái guérlfrend, Sera.
Juan, ésta es mi novia, Sara.

- **Nice meeting you.**
Náis míting yu.
Es un placer conocerte.

- **David, this is Susan.**
Déivid, zdes es Súsan.
David, ella es Susana.

- **It's a pleasure to meet you.**
Ets a pléshur tu mit yu.
Es un placer conocerte.

Expresiones usuales — *Usual expressions*

Hi!
Jái!
¡Hola!

It was good seeing you.
Et uás gud síing yu.
Me dio gusto verte.

Isn't he good looking?
Ésent ji gud lúking?
¿No es guapo?

Frases relacionadas — *Related phrases*

My name is .../I am ... .
Mái néim es .../Ái am ... .
Mi nombre es ...../Soy ... .

I'm from ... .
Áim from ... .
Soy de ... .

Vocabulario — *Vocabulary*

apretón de manos - **handshake** - *jandshéik*
compañera(o) de cuarto - **roommate** - *rúméit*
hermana - **sister** - *séster*
hermano - **brother** - *brózder*
madre - **mother** - *mózder*
novio - **boyfriend** - *bóifrend*
padre - **father** - *fázder*
prometida - **fiancée** - *fiansí*
prometido - **fiancé** - *fiansí*

conocer - **meet** - *mit*

darse la mano - **shake hands** - *shéik jands*
despedirse - **say good-bye** - *séi gúd-bái*
gustar - **like** - *láik*
platicar - **talk** - *tok*
presentar - **introduce** - *íntrodiús*
sonreír - **smile** - *smáil*

agradable - **nice** - *náis*
atraído - **attracted** - *atrákted*
avergonzado - **embarrassed** - *embárrasd*
complacido - **pleased** - *plíisd*
atractivo - **attractive** - *atráktiv*

Para su información — *F.Y.I.*

Not everybody in the U.S. is used to shaking hands when meeting someone.
En Estados Unidos no todos acostumbran estrecharse la mano al ser presentados.

Recuerde

Si desea entablar una conversación después de ser presentado, puede preguntar: Where are you from? (¿De dónde eres?), Where do you live? (¿Dónde vives?), Do you work near here? (¿Trabajas cerca de aquí?), etcétera.

Al comprar
PRODUCTOS DE BELLEZA

Buying beauty products

- I'd like to see some red lipsticks.
Áid láik tu si som red lépsteks.
Quisiera ver lápices labiales rojos.

- Can you show me some eyeshadows?
Kan yu shóu mi som áishádous?
¿Puede mostrarme sombras de ojos?

- Please give me a bottle of ... eau de Cologne.
Plís guév mi a bótel of ... ó de colón.
Por favor deme una botella de agua de colonia ... .

- Do you have ... cleansing cream/lotion?
Du yu jav ... klínsing krim/ lóushon?
¿Tiene la crema limpiadora/ loción ...?

Expresiones usuales

Usual expressions

Mirror, mirror on the wall ...
Mírror, mírror on zdi uól ...
Espejito, espejito ...

Why don't you try it?
Juái dóunt yu trái et?
¿Por qué no lo prueba?

Frases relacionadas

Related phrases

Can you recommend an antiaging cream?
Kan yu rékomend an antiéiying krim?
¿Puede recomendarme una crema antienvejecimiento?

This is excellent.
Zdes es ékselent.
Ésta es excelente.

Vocabulario

Vocabulary

artículo de tocador - **toiletry** - *tóiletri*
barniz de uñas - **nail polish** - *néil pólish*
crema para manos y cuerpo - **hand and body lotion** - *jand and bódi lóushon*
champú - **shampoo** - *shampú*
delineador de ojos - **eyelash liner** - *áilash láiner*
depilador - **hair remover** - *jer rimúver*
enjuague - **rinse** - *rins*
lima para uñas - **nail file** - *néil fáil*
maquillaje - **makeup** - *méikop*
máscara para pestañas - **mascara** - *maskára*

pinzas para cejas - **tweezers** - *tuísers*
quitaesmalte - **nail polish remover** - *néil pólish rimúver*
rubor - **blush** - *blosh*
tijeras para manicure - **manicure scissors** - *manikíur sésors*

bella - **beautiful** - *biúriful*
humectante - **moistening** - *móistening*
sofisticado - **sophisticated** - *sofístikéited*
vanidosa(o) - **vain** - *véin*

Para su información

F.Y.I.

Some of these products are sold in self-service stores and some at specialized shops and department stores.
Algunos de estos productos se venden en tiendas de autoservicio y algunos en tiendas especializadas y de departamentos.

Recuerde

No hay devolución en productos de belleza.

En una tienda de
PRODUCTOS NATURISTAS

At a health food store

- **Where can I find a health food store?**
Juér kan ái fáind a jelzd fud stor?
¿Dónde hay una tienda naturista?

- **Do you have natural vitamins?**
Du yu jav náchural váitamins?
¿Tiene vitaminas naturales?

- **Please give me some bee honey.**
Plís guév mi som bi jáni.
Por favor deme miel de abeja.

Expresiones usuales — *Usual expressions*

Press to open.
Pres tu óupen.
Oprima para abrir.

How much is this?
Jáu moch es zdes?
¿Cuánto cuesta?

Frases relacionadas — *Related phrases*

I don't eat red meat.
Ái dóunt it red mit.
No como carne roja.

How do you cook this?
Jáu du yu kuk zdes?
¿Cómo se cocina?

I'm a vegetarian.
Áim a veyetérien.
Soy vegetariano.

This is not processed.
Zdes es not prósesd.
Esto no está procesado.

Vocabulario — *Vocabulary*

arroz integral - **brown rice** - *bráun ráis*
avena - **oat, oatmeal** - *óut, óutmil*
cereal - **cereal** - *sírial*
hierba - **herb** - *herb*
jabón - **soap** - *sóup*
libros - **books** - *buks*
nueces - **nuts** - *nats*
pan integral - **whole wheat bread** - *jóul juít bread*
pasas - **raisins** - *réisins*
soya - **soy bean** - *sóuya bin*
té - **tea** - *ti*

alimentar - **feed** - *fid*
cambiar - **change** - *chéinch*
leer - **read** - *rid*

nutrir - **nurish** - *nérish*
nutritivo - **nutritious** - *nutríshos*
sabroso - **delicious** - *delíshos*
sano - **healthy** - *jélzdi*

Para su información — *F.Y.I.*

Malls usually have health food stores.
En los centros comerciales generalmente hay tiendas de productos naturistas.

Al presentar una queja o inconformidad
QUEJAS

Complaining about something

- **I think there's a mistake in my check/bill.**
Ái zdenk zders a mestéik en mái chek/bil.
Creo que hay un error en mi cuenta.

- **Can you help me? I've been waiting for a long time.**
Kan yu jelp mi? Áiv bin uéiting for a long táim.
¿Puede ayudarme? Llevo mucho tiempo esperando.

- **I want to speak to the manager.**
Ái uánt tu spik tu zda mánayer.
Deseo hablar con el gerente.

- **This doesn't work. Can you change it?**
Zdes dósent uérk. Kan yu chéinch et?
Esto no funciona. ¿Me lo puede cambiar?

- **The coffee is cold.**
Zda kófi es kóuld.
El café está frío.

- **This is stained.**
Zdes es stéind.
Está manchado(a).

What a nuisance!
Juát a núsans!
¡Qué fastidio!

Will it take long?
Uíl et téik long?
¿Tardará mucho?

Frases relacionadas   *Related phrases*

This isn't what I ordered.
Zdes ésent juát ái órderd.
Esto no es lo que ordené.

Where is the Returns Department?
Juér es zda Ritérns Dipartment?
¿Dónde está el Departamento de Devoluciones?

Vocabulario   *Vocabulary*

compra - **purchase** - *pérches*
devolución - **return** - *ritérn*
gerente - **manager** - *mánayer*
nota de compra - **receipt** - *risít*
servicio al cliente - **customer service** - *kóstumer servis*

acreditar - **credit** - *krédit*
explicar - **explain** - *ekspléin*
mostrar - **show** - *shóu*

reclamar - **claim** - *kléim*
recoger - **pick up** - *pek op*
reparar - **repair** - *ripér*

defectuoso - **damaged** - *dámachd*
descompuesto - **out of order** - *áut of órder*
garantizado - **guaranteed** - *gárantiíd*
roto - **broken** - *bróuken*

Para su información   *F.Y.I.*

When you want to complain about something, go to Customer Service or ask for the on-duty management.
Cuando desee presentar una queja, acuda a Servicio al Cliente o pregunte por la gerencia de turno.

Recuerde

Conserve las notas de compra pues son indispensables para cualquier reclamación.

Al hacer RESERVACIONES en un hotel, restaurante, para un espectáculo

Making reservations at a hotel, restaurant or for a show

- I'd like to reserve a double room for two nights.
Áid láik tu risérv a dóbel rum for tu náits.
Quiero reservar un cuarto doble por dos noches.

- Hello. Could you reserve a table for four at 6:00 tonight?
Jélou. Kud yu risérv a téibol for for at seks tunáit?
Hola. ¿Puede reservar una mesa para cuatro a las seis de la tarde?

- I want to make a reservation for tomorrow's show.
Ái uánt tu méik a reservéishon for tomárrous shóu.
Deseo hacer una reservación para la función de mañana.

- Can you reserve one seat on the 8:00 a.m. flight to Burlington?
Kan yu risérv uán sit on zda éit éi em fláit tu Bérlington?
¿Me reserva un asiento en el vuelo de las 8:00 a.m. a Burlington?

Expresiones usuales

Usual expressions

We look forward to seeing you.
Uí luk fóruard tu síing yu.
Esperamos verle por acá.

We are booked up.
Uí ar búkt op.
Tenemos todo lleno.

Frases relacionadas

Related phrases

We will hold your reservation until ___.
Uí uíl jóuld yur reservéishon óntil ___.
Mantendremos su reservación hasta ___.

Your name and address, please.
Yur néim and adrés, plís.
Su nombre y dirección, por favor.

Please be here at ___.
Plís bi jíer at ___.
Por favor llegue/venga a las ___.

Your reservation number is ...
Yur reservéishon nómber es ...
Su número de reservación es ...

Vocabulario

Vocabulary

abono - **season ticket** - *síson tíket*
concierto - **concert** - *kónsert*
depósito - **deposit** - *dipósit*
día - **day** - *déi*
fecha - **date** - *déit*
función - **performance, show** - *perfórmans, shóu*
hora - **time** - *táim*
mes - **month** - *monzd*
palco - **box** - *boks*
semana - **week** - *uík*
siguiente - **next** - *nekst*
teatro - **theater** - *zdiárer*

dar - **give** - *guév*
llamar por teléfono - **phone** - *fóun*
planear - **plan** - *plan*
respetar - **honor** - *ónor*

bueno - **good** - *gud*
esperado - **expected** - *ekspékted*
pendiente - **pending** - *pénding*
solicitado - **popular** - *pópiular*

Para su información

F.Y.I.

You can ask the Concierge at your hotel to make your reservations.
Puede solicitar al Conserje de su hotel que le haga sus reservaciones.

Recuerde

Al hacer algunas reservaciones, le pedirán el número de su tarjeta de crédito.

Al llegar a un RESTAURANTE

Arriving at the restaurant

- Do you have a table for six?
Du yu jav a téibol for seks?
¿Tiene una mesa para seis?

- It'll take 10 minutes. Can you wait?
Et-il téik ten mínets. Kan yu uéit?
En unos diez minutos. ¿Puede esperar?

- Table for two?
Téibol for tu?
¿Mesa para dos?

- Please follow me.
Plís fólou mi.
Por favor síganme.

- Smoking or no smoking?
Smóuking or nóu smóuking?
¿Sección de fumar o no fumar?

Expresiones usuales / Usual expressions

Hi. Welcome!
Jái. Uélkom!
Hola. ¡Bienvenidos!

How many in your party?
Jáu meni en yur pári?
¿Cuántas personas?

Frases relacionadas / Related phrases

Inside or outside?
Énsáid or áutsáid?
¿Adentro o afuera?

Please wait to be seated.
Plís uéit tu bi síted.
Por favor, espere a que lo lleven
a su mesa.

Would you like something to drink while you look at the menu?
Uúd yu láik sómzding tu drenk juáil yu luk at zda méniu?
¿Quieren algo de beber mientras ven la carta?

Would you like to wait at the bar?
Uúd yu láik tu ueit at zda bar?
¿Desean esperar en el bar?

Vocabulario / Vocabulary

agua - **water** - *uórer*
atención - **attention** - *aténshon*
capitán de meseros - **maitre'd, head-waiter** - *métredi, jed-uéiter*
mantequilla - **butter** - *báter*
menú, carta - **menu** - *méniu*
pan - **bread** - *bred*
recepcionista - **host, hostess** - *jóust, jóustes*
reservación - **reservation** - *reservéishon*

atender - **wait on** - *uéit on*
decidir - **decide** - *disáid*
leer - **read** - *rid*
sentarse - **sit down** - *set dáun*
ver - **look** - *luk*

apetitoso - **appetizing** - *apetáising*
completo - **full** - *ful*
(muy) hambriento - **starving** - *stárving*

Para su información / F.Y.I.

When you get to a restaurant, wait to be shown to your table.
Al llegar a un restaurante, espere a que lo conduzcan a su mesa.

Recuerde

Antes de entrar a un restaurante, revise el menú colocado afuera del mismo para saber qué tipo de comida sirve y sus precios.

Al ordenar en un RESTAURANTE

Ordering at a restaurant

- Are you ready to order?
Ar yu rédi tu órder?
¿Está lista para ordenar?

- What do you suggest?
Juát du yu soyést?
¿Qué sugiere?

- Have you decided?
Jav yu disáided?
¿Ya decidió?

- May I recommend the ...?
Méi ái rekoménd zda ...?
¿Puedo recomendarle el ...?

- I'd like today's specialty.
Áid láik tudéis speshálti.
Quisiera el platillo del día.

- What's the soup of the day?
Juáts zda sup of zda déi?
¿Cuál es la sopa del día?

Expresiones usuales
Usual expressions

Thank you. Enjoy your dinner.
Zdenk yu. Enyói yur déner.
Gracias. Disfrute su comida/cena.

Will that be all?
Uíl zdad bi ol?
¿Eso es todo?

Frases relacionadas
Related phrases

How would you like your meat?
Jáu uúd yu láik yur mit?
¿Qué término desea su carne?

It's served with salad or vegetables.
Ets servd uízd sálad or véchtabols.
Se sirve con ensalada o verduras.

Is everything alright?
Es évrizding ólráit?
¿Está todo bien?

Would you like some more ...?
Uúd yu láik som mor ...?
¿Quiere un poco más de ...?

Vocabulario
Vocabulary

comida - **food** - *fud*
aderezo - **dressing** - *drésing*
bebida - **beverage** - *bévrach*
bien cocida(o) - **well done** - *uél don*
postre - **dessert** - *disért*
rojo(a) (carne) - **rare** - *rer*
sugerencia - **suggestion** - *soyéschon*
término medio - **medium well** - *mídium uél*
vino - **wine** - *uáin*

beber - **drink** - *drenk*

comer - **eat** - *it*
servir - **serve** - *serv*
tomar la orden - **take the order** - *téik zdi órder*

bueno - **good** - *gud*
caliente - **hot** - *jot*
cocido(a) - **cooked** - *cukt*
correcto - **proper** - *próper*
crudo(a) - **raw** - *ro*
fresco - **fresh** - *fresh*
frío - **cold** - *kóuld*

Para su información
F.Y.I.

Restaurants usually offer special plates everyday.
Los restaurantes generalmente ofrecen especialidades del día.

Recuerde

El plato para el pan y la taza de café siempre van a la derecha del comensal.

Al pagar en un RESTAURANTE

Paying at a restaurant

- Anything else?
Énizding éls?
¿Algo más?

- No, thank you. The check, please.
Nóu, zdenk yu. <u>Zd</u>a chek, plís.
No, gracias. La cuenta, por favor.

- May I have the check?
Méi ái jav zda chek?
¿Me da la cuenta?

- Have you finished?
Jav yu féneshd?
¿Terminó?

- Do you accept ... credit card?
Du yu aksépt ... krédit kard?
¿Acepta la tarjeta de crédito ...?

Expresiones usuales

Usual expressions

Thank you. Come again.
Zdenk yu. Kom eguén.
Gracias. Regrese pronto.

Service included/not included.
Sérvis inklúded/not inklúded.
Servicio incluido/no incluido.

Frases relacionadas

Related phrases

Please pay the cashier.
Plís péi zda kashíer.
Favor de pagar en la caja.

May I have a receipt?
Méi ái jav a risít?
¿Me da una nota?

Vocabulario

Vocabulary

adiós - **good-bye** - *gúdbái*
cambio - **change** - *chéinch*
efectivo - **cash** - *kash*
propina - **tip, gratuity** - *tep, grátuiti*

cobrar - **charge** - *charch*
costar - **cost** - *kost*

despedirse - **say good-bye** - *séi gúdbái*
salir - **go out** - *góu áut*

atento - **polite** - *poláit*
barato - **inexpensive** - *inekspénsiv*
caro - **expensive** - *ekspénsiv*
delicioso - **delicious** - *delíshus*

Para su información

F.Y.I.

The usual tip in the U.S. is 15% of your check.
En Estados Unidos la propina usual es del 15% de su cuenta.

Recuerde

Puede pedir que llamen un taxi desde el restaurante.

Desayuno
RESTAURANTE

Restaurant - Breakfast

- **Please bring me orange juice, 2 scrambled eggs and toast.**
Plís breng mi óranch yus, tu skrámbold egs and tóust.
Por favor, tráigame jugo de naranja, dos huevos revueltos y pan tostado.

- **Do you have skim milk?**
Du yu jav skem melk?
¿Tiene leche descremada?

- **I'll have the Continental breakfast.**
Áil jav zda kontinéntal brékfast.
Quiero el desayuno continental.

- **Would you like your coffee now?**
Uúd yu láik yur kófi náu?
¿Quiere su café ahora?

- **I'd like some fruit, please.**
Áid láik som frut, plís.
Un plato de frutas, por favor.

- **One egg, sunny side up.**
Uán eg, sóni sáid ap.
Un huevo estrellado.

Oh, am I hungry!
Óu, am ái jángri!
¡Vaya, qué hambre tengo!

I'm in a hurry.
Áim en a jérri.
Tengo prisa.

| Frases relacionadas | Related phrases |

Just juice and coffee, please.
Yost yus and kófi, plís.
Sólo jugo y café, por favor.

Some more coffee?
Som mor kófi?
¿Más café?

Decaffeinated?
Dikáfinéited?
¿Descafeinado?

Anything else?
Énizdin els?
¿Algo más?

Vocabulario   *Vocabulary*

azúcar - **sugar** - *shúgar*
crema - **cream** - *krim*
huevos fritos - **fried eggs** - *fráid egs*
huevos poché (escalfados) - **poached eggs** - *póuchd egs*
huevos tibios - **soft boiled eggs** - *soft bóild egs*
jamón - **ham** - *jam*
leche - **milk** - *melk*
mermelada - **jam** - *yam*
miel de abeja - **bee honey** - *bi jáni*
miel de maple - **syrup** - *sérep*
pan de dulce - **sweet rolls** - *suit rols*
pan de sal - **rolls** - *rols*
panqué - **muffin** - *mófin*

panqueques (hot cakes) - **pancakes** - *pánkéiks*
salchicha - **sausage** - *sósach*
tocino - **bacon** - *béikon*

desayunar - **have breakfast** - *jav brékfast*
empezar - **start** - *start*
llamar - **call** - *kol*
terminar - **finish** - *fénesh*
untar - **spread** - *spred*

adormilado - **sleepy** - *slípi*
apetitoso - **tasty** - *téisti*
tarde - **late** - *léit*
temprano - **early** - *érli*

Para su información   F.Y.I.

Most restaurants serve breakfast from 7:00 to 11:00 a.m.
En la mayoría de los restaurantes el desayuno se sirve de 7:00 a 11:00 a.m.

Recuerde

Los huevos fritos con la yema bien cocida se llaman "fried eggs over" y con la yema no muy cocida "fried eggs sunny side up".

Cena
RESTAURANTE

Restaurant - Dinner/Supper

- I'll have the mixed salad and the pasta.
Áil jav <u>zd</u>a meksd sálad and <u>zd</u>a pásta.
Quiero la ensalada mixta y la pasta.

- I'd like some chicken soup and a Rib eye, medium well.
Áid láik som chéken sup and a rébai, mídium uél.
Quisiera sopa de pollo y una costilla, término medio.

- A fish filet with spinach, please.
A fesh filé uízd spínach, plís.
Filete de pescado con espinacas, por favor.

- A clam chowder and broiled shrimps.
A klam cháuder and bróild shremps.
Una crema de almejas y camarones a la plancha.

Expresiones usuales — *Usual expressions*

Yes. May I help you?
Iés. Méi ái jelp yu?
Sí, ¿en qué puedo ayudarle?

Something to drink?
Sómzding tu drenk?
¿Algo de beber?

Frases relacionadas — *Related phrases*

May I have another beer?
Méi ái jav anózder bíer?
¿Me trae otra cerveza?

Would you like something else?
Uúd yu láik sómzding els?
¿Desea algo más?

Vocabulario — *Vocabulary*

cerdo - **pork** - *pork*
cuchara - **spoon** - *spun*
cuchara para el café - **teaspoon** - *tíspun*
cuchillo - **knife** - *náif*
entremés - **hors d'oeuvre, appetizer** -
  hors dúvre, apetáiser
helado - **ice cream** - *áis krim*
mariscos - **seafood** - *sífud*
pastel - **cake** - *kéik*
pimienta - **pepper** - *péper*

plato fuerte - **main course** - *méin kors*
sal - **salt** - *solt*
servilleta - **napkin** - *nápken*
tenedor - **fork** - *fork*
ternera - **veal** - *viíl*
vegetales - **vegetables** - *véchtabols*

formal - **formal** - *fórmal*
informal - **casual** - *káshual*

Para su información — *F.Y.I.*

Dinner/supper is served from 5:00 to 8:00 p.m. or from 6:00 to 10:30 p.m. in some restaurants.
La cena se sirve de 5:00 a 8:00 p.m. o de 6:00 a 10:30 p.m. en algunos restaurantes.

Recuerde

En Estados Unidos, la cena es la comida fuerte del día.

Comida
RESTAURANTE

Restaurant - Lunch

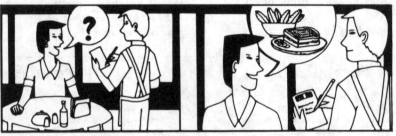

- What do you have for lunch?
Juát du yu jav for lonch?
¿Qué platillos tiene?

- Please bring me a green salad and a turkey sandwich.
Plís breng mi a grin sálad and a térki sánduich.
Por favor, tráigame una ensalada verde y un emparedado de pavo.

- A hamburger and a soda, please.
A jámberguer and a sóuda, plís.
Una hamburguesa y un refresco, por favor.

- May I have the chicken and mashed potatoes?
Méi ái jav zda chéken and mashd potéirous?
¿Puede traerme el pollo con puré de papa?

Expresiones usuales — *Usual expressions*

I'm thirsty.
Áim zdérsti.
Tengo sed.

I'm starving.
Áim stárving.
Me muero de hambre.

Frases relacionadas — *Related phrases*

Would you like some dessert?
Uúd yu láik som disért?
¿Desea algo de postre?

A cherry pie, please.
A chérri pái, plís.
Una tarta de cereza, por favor.

Vocabulario — *Vocabulary*

aderezo francés - **French dressing** - *french drésing*
aderezo italiano - **Italian dressing** - *itálian drésing*
caldo - **broth** - *brozd*
ensalada de atún - **tuna salad** - *túna sálad*
ensalada de huevo - **egg salad** - *eg sálad*
ensalada de pollo - **chicken salad** - *chéken sálad*
ensalada mixta - **mixed salad** - *meksd sálad*
espinaca - **spinach** - *spínach*
jamón - **ham** - *jam*

lechuga - **lettuce** - *léros*
perro caliente - **hot dog** - *jot dog*
queso - **cheese** - *chiís*
salchicha - **sausage** - *sósach*
sopa - **soup** - *sup*
tocino - **bacon** - *béikon*
zanahoria - **carrot** - *kárrot*

insatisfecho - **disatisfied** - *disátisfáid*
satisfecho - **satisfied** - *sátisfáid*
suculento - **juicy, succulent** - *yúsi, sókiulent*

Para su información — *F.Y.I.*

Lunch is usually served from 12:00 to 2:30 p.m.
El almuerzo generalmente se sirve de 12:00 a 2:30 p.m.

Recuerde

Las cafeterías de autoservicio tienen varios platillos calientes para la hora del almuerzo.

Al comprar
ROPA
de caballero

Buying gentlemen's clothes

- **Can I see the ties, please?**
Kan ái si zda táis, plís?
¿Me muestra las corbatas, por favor?

- **I'll take this T-shirt and these jeans.**
Áil téik zdes tíshert and zdis yins.
Me llevo esta playera y estos pantalones de mezclilla.

- **I need a 15 1/2, 32 white shirt.**
Ái nid a fiftín and a jaf, zdéri tu juáit shert.
Necesito una camisa blanca cuello 15 1/2, manga 32.

- **Where can I try this jacket on?**
Juér kan ái trái zdes yáket on?
¿Dónde puedo probarme esta chamarra?

- **Do you have slacks?**
Du yu jav slaks?
¿Tiene pantalones?

- **I'll take this.**
Áil téik zdes.
Me llevo ésta.

I don't like it.
Ái dóunt láik et.
No me gusta.

It's too big.
Ets tu beg.
Me queda grande.

| Frases relacionadas | Related phrases |

What size do you need?
Juát sáis du yu nid?
¿En qué talla?

We have these on sale.
Uí jav <u>zdis</u> on séil.
Tenemos éstas(os) en barata.

Vocabulario / Vocabulary

calcetines - **socks** - *soks*
calzoncillos - **briefs, shorts, underpants** - *brifs, shorts, ónderpants*
camiseta - **T-shirt** - *tíshert*
cinturón - **belt** - *belt*
chaleco - **vest** - *vest*
gabardina - **raincoat** - *réinkóut*
gorra - **cap** - *kap*
pantalones - **pants** - *pants*
ropa interior - **underwear** - *ónderuér*
sombrero - **hat** - *jat*
sudadera - **sweatshirt** - *suétshert*
suéter - **cardigan** - *kárdigan*
traje - **suit** - *sut*
traje deportivo - **pant suit** - *pant sut*

cambiar - **change** - *chéinch*
comprar - **purchase** - *pérches*
devolver - **return** - *ritérn*
escoger - **choose** - *chuús*
pedir - **ask for** - *ask for*

ancho - **loose** - *luús*
apretado - **tight** - *táit*
buena calidad - **good quality** - *gud kuáliti*
chico - **small** - *smol*
corriente - **cheap** - *chiíp*
indispensable - **essential** - *esénshal*

Para su información / F.Y.I.

Underwear cannot be returned.
No hay devolución de ropa interior.

Recuerde

El suéter cerrado se llama sweater y el abierto cardigan.

Al comprar
ROPA
de dama

Buying ladies' clothes

- **May I see the yellow dress in the window?**
Méi ái si zda iélou dres en zdi uíndou?
¿Me muestra el vestido amarillo del aparador?

- **Do you have light coats?**
Du yu jav láit kóuts?
¿Tiene abrigos ligeros?

- **I need a formal black skirt.**
Ái nid a fórmal blak skert.
Necesito una falda negra de vestir.

- **How much is this suit?**
Jáu moch es zdes sut?
¿Cuánto cuesta este traje?

- **I'd like to see some scarves.**
Áid láik tu si som skarvs.
Quisiera ver pañoletas/bufandas.

- **We have these on sale.**
Uí jav zdís on séil.
Tenemos éstas en barata.

Expresiones usuales

Usual expressions

Cash or charge?
Kash or charch?
¿Efectivo o a su cuenta?

That's neat.
Zdads nit.
Es muy bonito.

Frases relacionadas

Related phrases

There's a mirror over there.
Zders a mirror óuver zder.
Ahí hay un espejo.

It looks nice on you.
Et luks náis on yu.
Se le ve bien.

Vocabulario

Vocabulary

bata - **gown** - *gáun*
blusa - **blouse** - *bláus*
calzones - **panties** - *pántis*
camisón - **nightgown** - *náitgáun*
color - **color** - *kólor*
estilo - **style** - *stáil*
fondo - **slip** - *slep*
medias - **stockings** - *stókings*
mediofondo - **slip** - *slep*
pantalones - **trousers** - *tráusers*
pantalones cortos - **bermudas** -
  bermiúdas
pantimedias - **pantyhose** - *pántijóus*
saco - **blazer** - *bléiser*

sostén - **bra** - *bra*
traje sastre - **suit** - *sut*
vestido de noche - **evening gown** -
  ivining gáun

mirar - **look** - *luk*
probarse - **try on** - *trái on*
quedar bien - **suit, fit** - *sut, fet*

delicado - **delicate** - *délikéit*
elegante - **elegant** - *élegant*
femenino - **feminine** - *fémenen*

Para su información

F.Y.I.

Sometimes you can find three different measures (Petite, Regular and Tall) in the same size.
Algunas veces encontrará tres medidas diferentes: Pequeña (o baja), Regular y Alta (o grande) en la misma talla.

En el
SALÓN DE BELLEZA

At the beauty parlor

- I'd like a shampoo.
Áid láik a shampú.
Quiero que me laven el cabello.

- Could you do my hair?
Kud yu du mái jer?
¿Me puede peinar?

- How much is a manicure?
Jáu moch es a mánikiur?
¿Cuánto cuesta el manicure?

- I want my hair cut.
Ái uánt mái jer kot.
Quiero que me corten el cabello.

Expresiones usuales

Usual expressions

You look terrific!
Yu luk terrífik!
¡Te ves fantástica!

That's neat!
Zdads nit!
¡Qué bonito!

Frases relacionadas

Related phrases

Can you dye my hair?
Kan yu dái mái jer?
¿Puede teñirme el cabello?

I want it very short.
Ái uánt et véri short.
Lo quiero muy corto.

Vocabulario

Vocabulary

cepillo - **brush** - *brosh*
estilista - **hair stylist** - *jer stáilist*
lavado de cabello - **shampoo** - *shampú*
peine - **comb** - *kóumb*
peinado - **hair do** - *jér du*
revistas - **magazines** - *mágasins*
secador de pelo - **hair dryer** - *jer dráier*
tijeras - **scissors** - *sésors*
tinte - **hair dye** - *jér dái*
tratamiento - **treatment** - *trítment*
uña - **nail** - *néil*

lavar - **wash** - *uásh*
pintar uñas - **polish nails** - *pólish néils*
secar - **dry** - *drái*
maquillar - **makeup** - *méikap*
depilar - **depilate/wax** - *dépileit/uáx*

brillante - **shiny** - *sháini*
distinguida - **swell** - *suél*
largo - **long** - *long*

Para su información

F.Y.I.

Most prestigious beauty parlors work by previous appointment.
La mayoría de los salones de prestigio trabajan con citas hechas de antemano.

Recuerde

Averigüe las tarifas antes de entrar a un salón de belleza.

Al saludar
SALUDOS

Greetings - Greeting someone

- **Hello, how are you?**
Jélou, jáu ar yu?
Hola, ¿cómo estás?

- **Fine, thank you, and you?**
Fáin, zdenk yu, and yu?
Bien, gracias, ¿y tú?

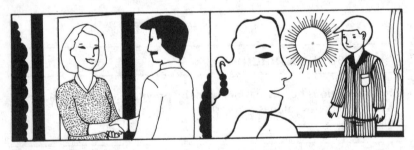

- **Hi, it's nice to see you.**
Jái, ets náis tu si yu.
Hola, gusto en verte.

- **Good morning. Did you have a nice rest?**
Gud mórning. Ded yu jav a náis rest?
Buenos días. ¿Descansaste?

Expresiones usuales / Usual expressions

Hi!
Jái!
¡Hola!

It's good to see you again.
Ets gud tu si yu aguén.
Me da gusto volverte a ver.

Frases relacionadas / Related phrases

You're looking great.
Yur lúking gréit.
Te ves muy bien.

What a surprise!
Juát a sorpráis!
¡Qué sorpresa!

Vocabulario / Vocabulary

amigo - **friend** - *frend*
beso - **kiss** - *kes*
buenas noches - **good evening** - *gud ívning*
buenas tardes - **good afternoon** - *gud áfternun*
persona - **person** - *pérson*

dar la mano - **shake hands** - *shéik jands*

encontrar - **meet** - *mit*
sonreír - **smile** - *smáil*
visitar - **visit** - *véset*

amistoso - **friendly** - *fréndli*
contento - **glad** - *glad*
simpático - **nice** - *náis*
sonriente - **smiling** - *smáiling*

En el
SUPERMERCADO

At the supermarket

- Where's the frozen food?
Juérs zda fróusen fud?
¿Dónde están los alimentos
congelados?

- Half a pound of ham, please.
Jaf a páund of jam, plís.
Media libra de jamón, por favor.

- Do you sell vitamins here?
Du yu sel váitamins jíer?
¿Venden vitaminas?

Please sign here.
Plís sáin jíer.
Por favor, firme aquí.

Here you are.
Jíer yu ar.
Aquí tiene.

Frases relacionadas | *Related phrases*

Will you pay in cash?
Uíl yu péi en kash?
¿En efectivo?

Can I have a carrier bag?
Kan ái jav a kárrier bag?
¿Puede darme una bolsa de asa?

Vocabulario | *Vocabulary*

abarrotes - **groceries** - *gróseris*
accesorios para la cocina - **kitchen accesories** - *kétchen aksésoris*
artículos de tocador - **toiletries** - *tóiletris*
artículos para bebé - **articles for babies** - *árikols for béibis*
artículos para el hogar - **household articles** - *jaus jóuld árikols*
bebidas - **beverages** - *bévraches*
bolsa - **bag** - *bag*
botella - **bottle** - *bótel*
caja registradora - **cash register** - *kash réyister*
carnes y aves - **meat and poultry** - *mit and póltri*
carro de mercancía - **cart** - *kart*
cereales - **cereal** - *sírial*
comestibles - **food** - *fud*
estante - **shelf** - *shelf*
ferretería - **hardware** - *járduer*
frutas y vegetales - **fruit and vegetables** - *frut and véchtabols*
lácteos - **dairy products** - *déiri pródokts*
lata - **can** - *kan*

libros - **books** - *búks*
pan - **bread** - *bred*
papelería - **stationery** - *stéishoneri*
paquete - **packet** - *páket*
pasillo - **aisle** - *áil*
pescados y mariscos - **fish and seafood** - *fesh and sífud*
salchichonería - **delicatessen** - *delikatésen*
vinos y licores - **wines and liquors** - *uáins and líkers*

buscar - **look for** - *luk for*
calcular - **calculate** - *kálkiuléit*
caminar - **walk** - *uók*
comparar - **compare** - *kompér*
empacar - **pack** - *pak*
pesar - **weigh** - *uéi*

grande - **big, large** - *beg, larch*
pequeño - **small** - *smol*
surtido - **stocked** - *stokt*

Para su información | *F.Y.I.*

Fruit and vegetables are weighed at the cash register.
La fruta y las verduras se pesan en la caja.

Recuerde

En E.U. no es usual contar con ayuda para empacar ni cargar la mercancía.

En la
TABAQUERÍA

At the tobacco store

- Do you have ... tobacco?
Du yu jav ... tobákou?
¿Tiene tabaco ...?

- Can you show me some pipes?
Kan yu shóu mi som páips?
¿Me muestra las pipas?

- I'd like to see a cigarette case, please.
Áid láik tu si a ségarret kéis, plís.
Quisiera una cigarrera, por favor.

- A pack/A carton of ... cigarettes and a lighter.
A pak/A kárton of ... ségarrets and a láirer.
Una cajetilla/Un paquete de cigarros ... y un encendedor.

Expresiones usuales

Usual expressions

Your change, sir.
Yur chéinch, ser.
Señor, su cambio.

Thank you. Bye!
Zdenk yu. Bái!
Gracias. ¡Adiós!

Frases relacionadas

Related phrases

Where can I get ... cigarettes?
Juér kan ái guét ... ségarrets?
¿Dónde puedo conseguir
cigarrillos ...?

This is a very good brand.
Zdes es a véri gud brand.
Ésta es una muy buena marca.

Vocabulario

Vocabulary

boquilla - **cigarette holder** - *ségarret
  jóulder*
cenicero - **ashtray** - *áshtréi*
cerillos - **matches** - *mátches*
fumador - **smoker** - *smóuker*
limpiapipas - **pipe cleaner** - *páip klíner*
no fumador - **nonsmoker** - *nonsmóuker*
puro - **cigar** - *segár*
tabaquera - **tobacco box, tobacco
  pouch** - *tobákou boks, tobákou póuch*
tabaquería - **tobacco store/shop** -
  tobákou stor/shop

apagar - **put out** - *put áut*
encender - **light** - *láit*
fumar - **smoke** - *smóuk*
molestar - **disturb** - *distérb*

costoso - **expensive** - *ekspénsiv*
malo - **bad** - *bad*
peligroso - **dangerous** - *déinyerus*
peligroso - **hazardous** - *jázerdes*

Para su información

F.Y.I.

You will find cigarettes, lighters and matches in most drugstores.
En la mayoría de las farmacias encontrará cigarrillos, encendedores y
cerillos.

Recuerde

No se puede fumar en la mayoría de los lugares públicos.

Solicitud de información sobre TALLAS

Asking for information about sizes

- What's your size?
Juáts yur sáis?
¿Cuál es su talla?

- I think I'm size 8.
Ái zdenk áim sáis éit.
Creo que soy talla 8.

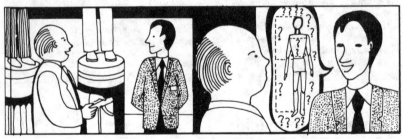

- Do you think size 40 will fit me?
Du yu zdenk sáis fórti uíl fet mi?
¿Cree que me quede la talla 40?

- What are your measurements?
Juát ar yur méshurments?
¿Cuáles son sus medidas?

- What shoe size do you need?
Juát shu sáis du yu nid?
¿Qué número de zapato necesita?

Expresiones usuales   *Usual expressions*

That suits you.
Zdad suts yu.
Te queda bien.

You look fantastic!
Yu luk fantástik!
¡Te ves fantástica(o)!

Frases relacionadas   *Related phrases*

It's too big for me.
Ets tu beg for mi.
Me queda grande.

These shoes are too tight.
Zdis shus ar tu táit.
Estos zapatos me aprietan.

Vocabulario   *Vocabulary*

busto - **bust** - *bost*
cadera - **hip** - *jep*
centímetro - **centimeter** - *sentímeter*
cintura - **waist** - *uéist*
cuello - **neck** - *nek*
dobladillo - **hem** - *jem*
hombro - **shoulder** - *shóulder*
manga - **sleeve** - *sliív*
medidas - **measurements** - *méshurments*
pulgada - **inch** - *ench*
talle - **waist** - *uéist*

apretar (zapatos) - **pinch** - *pench*
devolver - **return** - *ritérn*
medir - **measure** - *méshur*
probarse - **try on** - *trái on*
quedar (la ropa) - **fit** - *fet*

corto - **short** - *short*
chico - **small** - *smol*
extra grande - **extra large** - *ékstra larch*
grande - **large** - *larch*
largo - **long** - *long*
mediano - **medium** - *mídium*

Para su información   *F.Y.I.*

Equivalence of sizes in Mexico and the USA:
Equivalencia entre las tallas en México y Estados Unidos:

México	3/26	5/28	7/30	9/32	11/34	13/36	15/38	17/40
USA	6	8	10	12	14	16	18	20

Recuerde

Las tallas pueden variar de acuerdo con las marcas de ropa.

Conversaciones informales sobre TAMAÑOS

Informal conversations about sizes

- How tall are you?
Jáu tol ar yu?
¿Cuánto mides?

- How long is your table?
Jáu long es yur téibol?
¿Cuánto mide de largo tu mesa?

- I want a small piece of cake.
Ái uánt a smol pis of kéik.
Quiero una rebanada pequeña de pastel.

- My dog is big.
Mái dog es big.
Mi perro es grande.

That's huge!
Zdads jiúch!
¡Está enorme!

How large?
Jáu larch?
¿De qué largo?

Frases relacionadas | Related phrases

I need a big box.
Ái nid a beg boks.
Necesito una caja grande.

Do you have a high chair?
Du yu jav a jái cher?
¿Tiene una silla alta (para infante)?

Vocabulario | Vocabulary

alto - **high** - _jái_
alto (persona) - **tall** - _tol_
ancho - **wide** - _uáid_
angosto - **narrow** - _nárrou_
bajo (persona) - **short** - _short_
corto - **short** - _short_
chico - **small** - _smol_
delgado - **thin** - _zden_
diminuto - **tiny** - _táini_
gordo - **fat** - _fat_

grande - **big** - _beg_
largo - **long** - _long_
mediano - **medium** - _mídium_
talla - **size** - _sáis_

agrandar - **enlarge** - _enlárch_
medir - **measure** - _méshur_
reducir - **reduce** - _ridiús_

Para su información | F.Y.I.

While in Mexico height is measured in meters and centimeters, in the U.S. it is measured in feet (1 foot = 30.48 cm) and inches (1 inch = 2.54 cm).
En México la altura se mide en metros y centímetros; en Estados Unidos, en pies (1 pie = 30.48 cm) y pulgadas (1 pulgada = 2.54 cm).

Al usar un
TAXI

Using a taxicab

- **To the Empire State, please.**
Tu zdí ampáier stéit, plís.
Al Empire State, por favor.

- **Please take me to the ... hotel.**
Plís téik mi tu zda ... joutél.
Por favor, lléveme al hotel ... .

- **Follow that car!**
Fólou zdad kar!
¡Siga a ese auto!

- **Do you know how to get to ...?**
Du yu nóu jáu tu guét tu ...?
¿Sabe cómo llegar a ...?

- **I have to be there in 15 minutes.**
Ái jav tu bi zder in fiftín mínets.
Tengo que llegar en 15 minutos.

- **It's here, please.**
Ets jíer, plís.
Es aquí, por favor.

Expresiones usuales · *Usual expressions*

Please hurry!
Plís jérri!
¡Por favor apúrese!

How much is it?
Jáu moch es et?
¿Cuánto es?

Frases relacionadas · *Related phrases*

Is it very far from here?
Es et véri far from jíer?
¿Está muy lejos de aquí?

Can you pick me up at seven?
Kan yu pek mi op at séven?
¿Puede venir por mí a las siete?

Stop here.
Stóp jíer.
Pare aquí.

Can you wait for me?
Kan yu uéit for mi?
¿Puede esperarme?

Vocabulario · *Vocabulary*

camino - **way** - *uéi*
destino - **destination** - *destinéishon*
millas - **miles** - *máils*
tiempo - **time** - *táim*
tráfico - **traffic** - *tráfik*

subir al auto - **get into** - *guét éntu*

hábil - **skilled** - *skeld*
lento - **slow** - *slóu*
rápido - **fast** - *fast*

pagar - **pay** - *péi*
salir del auto - **get out of** - *guét áut of*

cerca - **near** - *níer*
lejos - **far** - *far*

Recuerde

La propina al chofer es convencional, esto es, se deja al criterio del pasajero.

Si necesita un
TAXI

If you need a taxicab

- Can you call a taxi, please?
Kan yu kol a táksi, plís?
¿Puede llamar un taxi, por favor?

- How much would it cost to get to ...?
Jáu moch uúd et kóust tu guét tu ...?
¿Cuánto me costaría ir a ...?

- Do you need a cab?
Du yu nid a kab?
¿Quiere/Necesita un taxi?

- Where can I get a taxi?
Juér kan ái guét a táksi?
¿Dónde puedo conseguir un taxi?

Are you free?
Ar yu frí?
¿Está libre?

Taxiii!
Táksiii!
¡Taxiii!

Frases relacionadas   *Related phrases*

Where to?
Juér tu?
¿A dónde?

Can you take me to ...?
Kan yu téik mi tu ...?
¿Puede llevarme a ...?

Vocabulario   *Vocabulary*

compañía (o sitio) de taxis - **taxi cab company** - *táksikab kómpani*
chofer - **driver** - *dráiver*
distancia - **distance** - *déstans*
tarifa - **fare** - *fer*
taxímetro - **meter** - *míter*

buscar - **look for** - *luk for*
correr - **run** - *ron*
llamar a un taxi - **call a cab** - *kol a kab*

cercano - **near** - *níer*
lejano - **remote** - *rimóut*
ubicado - **located** - *lokéited*

Para su información   *F.Y.I.*

In some cities, you don't usually find a taxi in the street; you'll have to phone for one.
En algunas ciudades, por lo general los taxis no se toman en la calle, deberá llamarlos por teléfono.

Recuerde

Procure llevar consigo el número telefónico de alguna compañía de taxis.

En el TEATRO

At the theater

- **Which is row ___?**
Juích es róu ___?
¿Cuál es la fila ___?

- **Can you take us to our seats?**
Kan yu téik as tu áur sits?
¿Puede llevarnos a nuestras butacas?

- **To your right and down the stairs.**
Tu yur ráit and dáun zda sters.
A la derecha, bajando las escaleras.

- **What time does the performance start?**
Juát táim dos zda perfórmans start?
¿A qué hora empieza la función?

- **Third call; please take your seats.**
Zderd kol; plís téik yur sits.
Tercera llamada; hagan el favor de sentarse.

- **Do you have a program?**
Du yu jav a prógram?
¿Tiene un programa?

Expresiones usuales — *Usual expressions*

Follow me, please.
Fólou mi, plís.
Sígame, por favor.

This way, please.
Zdes uéi, plís.
Por aquí, por favor.

Frases relacionadas — *Related phrases*

No food or beverages in the auditorium.
Nóu fud or bévraches en zdi óditorium.
No se permite la entrada a la sala con alimentos o bebidas.

The play has two acts.
Zda pléi jas tu akts.
La obra tiene dos actos.

Vocabulario — *Vocabulary*

acomodador(a) - **usher(ette)** - *ósher(et)*
actor - **actor** - *áktor*
actriz - **actress** - *áktres*
balcón - **balcony, mezzaninne** - *bálkoni, mesanín*
elenco - **cast** - *kast*
entreacto, intermedio - **intermission** - *intermíshon*
escenario - **stage** - *stéich*
escenografía - **scenography, scenery** - *senógrafi, síneri*
luneta, primer piso - **stall, orchestra** - *stol, órkestra*
palco - **box** - *boks*
programa - **program** - *prógram*

telón - **drop curtain** - *drop kérten*

aplaudir - **applaud** - *aplód*
disgustar - **dislike** - *disláik*
guardar silencio - **to be silent** - *tu bi sáilent*
gustar - **like** - *láik*
llorar - **cry** - *krái*
reír - **laugh** - *laf*
ver - **watch** - *uátch*

cómico - **comic** - *kómik*
dramático - **dramatic** - *dramátik*
magistral - **brilliant** - *bríliant*

Para su información — *F.Y.I.*

You can make theater reservations by phone or through a travel agency.
Puede hacer reservaciones para el teatro por teléfono o a través de una agencia de viajes.

Recuerde

Reserve sus boletos por adelantado.

Al hablar por TELÉFONO

Telephone - When phoning someone

- **Hello. Is ... in?**
Jélou. Es ... en?
Hola. ¿Está ...?

- **Hi. This is ... . May I speak to ...?**
Jái. Zdes es ... . Méi ái spik tu ...?
Hola, habla ... . ¿Me comunica con ...?

- **Hold on a moment.**
Jóuld on a móument.
Espere un momento.

- **He/She's not here. Do you want to leave a message?**
Ji/Shis not jiér. Du yu uánt tu liív a mésach?
Él/Ella no está. ¿Quiere dejar algún recado?

Expresiones usuales — *Usual expressions*

I'm at a public phone.
Áim at a póblik fóun.
Estoy en un teléfono público.

I'll give you a ring.
Áil guév yu a reng.
Te llamaré.

Just a minute.
Yost a mínet.
Un minuto.

I'll call you.
Áil kol yu.
Te llamaré.

Frases relacionadas — *Related phrases*

Who's speaking?
Jus spíking?
¿Quién habla?

Can you call back?
Kan yu kol bak?
¿Puede volver a llamar?

Vocabulario — *Vocabulary*

bocina - **receiver** - *risíver*
cabina - **cabin** - *kábin*
cabina telefónica - **phone booth** - *fóun buzd*
directorio telefónico - **telephone directory** - *télefóun dairéktori*
llamada - **call** - *kol*
número telefónico - **telephone number** - *télefóun nómber*
operadora - **operator** - *óperéitor*

esperar - **wait, hold on** - *uéit, jóuld on*
llamar - **ring** - *reng*
marcar - **dial** - *dáial*
oprimir (tecla) - **touch** - *toch*

ansioso - **anxious** - *ánkshos*
feliz - **happy** - *jápi*
ocupado - **busy** - *bísi*

Para su información — *F.Y.I.*

Public telephones require dimes and/or quarters.
Los teléfonos públicos funcionan con monedas de 10 y 25 centavos.

Recuerde

Desde cualquier teléfono puede marcar el 0 si necesita alguna información.

Al llamar por larga distancia
TELÉFONO

Telephone - Long distance calls

- **I want to make a long distance call to ... .**
Ái uánt tu méik a long déstans kol tu ... .
Quiero hacer una llamada de larga distancia a ... .

- **What number do you want?**
Juát nómber du yu uánt?
¿Qué número desea?

- **Your call will be ready in a few minutes.**
Yur kol uíl bi rédi en a fiú mínets.
Su llamada estará lista en unos minutos.

- **Collect or will you pay here?**
Kolékt or uíl yu péi jíer?
¿Por cobrar o para pagar aquí?

- **I want to call Monterrey, number ____; I don't know the area code.**
Ái uánt tu kol Monterréy, nómber ____; ái dóunt nóu zdi éria kóud.
Quiero llamar a Monterrey, el número ____; no sé la clave.

- **Hold on... Your call is ready.**
Jóuld on... Yur kol es rédi.
Espere un momento... Su llamada está lista.

Expresiones usuales — *Usual expressions*

Your name, please?
Yur néim, plís?
¿Su nombre, por favor?

Thats right.
Zdads ráit.
Está bien.

Frases relacionadas — *Related phrases*

I can't hear you.
Ái kant jir yu.
No le escucho.

We've finished.
Uív fénesht.
Ya terminamos.

I have a collect call from ... . Do you accept the charges?
Ái jav a kolékt kol from ... . Du yu aksépt zda cháryes?
Tiene una llamada por cobrar de ... . ¿Acepta el cargo?

Hello, darling!
Jélou, dárling!
¡Hola, mi amor!

Vocabulario — *Vocabulary*

central telefónica - **telephone exchange** - *télefóun ekschéinch*
costo - **charge** - *charch*
impuesto - **tax** - *taks*
tarifa - **rate** - *réit*
tiempo - **time** - *táim*

colgar - **hang up** - *jang op*

esperar - **wait** - *uéit*
hablar - **talk** - *tok*
levantar (auricular) - **pick up (receiver)** - *pek op (risíver)*

breve - **brief** - *brif*
en voz alta - **loudly** - *láudli*
equivocado - **wrong** - *rong*
lista(o) - **ready** - *rédi*

Para su información — *F.Y.I.*

For calls outside the U.S. contact the International Operator.
Para llamadas fuera de Estados Unidos pida la operadora internacional.

Recuerde

Hay números telefónicos que empiezan con la cifra 800; son para llamadas de larga distancia gratuitas (para quien llama) dentro de Estados Unidos.

Al enviar un TELEGRAMA

Sending a telegram

- I want to send a telegram to **Guadalajara, Mexico.**
Ái uánt tu send a télegram tu Guadalajára, Méksikóu.
Quiero enviar un telegrama a Guadalajara, México.

- How much is it per word?
Jáu moch es et per uérd?
¿Cuánto cuesta por palabra?

- When will it get there?
Juén uíl et guét zder?
¿Cuándo llegará?

Expresiones usuales / Usual expressions

Telegram, sir/ma'am.
Télegram, ser/mám.
Telegrama, señor/señora.

How do I fill this form?
Jáu du ái fel zdes form?
¿Cómo lleno esta forma?

Frases relacionadas / Related phrases

May I borrow your pen?
Méi ái bórrou yur pen?
¿Me presta su pluma?

Where can I get a form?
Juér kan ái guét a form?
¿Dónde están las formas?

Vocabulario / Vocabulary

dirección - **address** - *adrés*
dónde - **where** - *juér*
nombre - **name** - *néim*
noticias - **news** - *niús*
télefax - **fax** - *faks*
telegrafista - **telegraph operator** - *télegraf óperéitor*
telegrama - **wire** - *uáier*
telegrama cantado - **singing telegram** - *sénguin télegram*
telegrama nocturno - **night letter** - *náit lérer*

avisar - **inform** - *enfórm*
escribir - **write** - *ráit*
felicitar - **congratulate** - *kongrátuleit*
leer - **read** - *rid*
recibir - **receive** - *risív*
responder - **answer** - *ánser*

claro - **clear** - *klíer*
específico - **specific** - *spesífik*
impreso - **printed** - *prínted*
lacónico - **concise** - *konsáis*
urgente - **urgent** - *éryent*

Recuerde

Tenga cuidado al escribir la dirección del destinatario para no aumentar mucho el número total de palabras.

En una
TIENDA DE
DEPARTAMENTOS

At a department store

- Where are the household goods?
Juér ar zda jáusjóuld guds?
¿Dónde están los artículos del hogar?

- In the basement.
En zda béisment.
En el sótano.

- Where can I find the baby's department?
Juér kan ái fáind zda béibis dipártment?
¿Dónde está el departamento de bebés?

- Can you show me some booties?
Kan yu shóu mi som bútis?
¿Puede mostrarme unas botitas?

Cash or charge?
Kash or charch?
¿Efectivo o tarjeta?

Do you have a credit account with us?
Du yu jav a krédit akáunt uízd as?
¿Tiene crédito con nosotros?

Frases relacionadas

Related phrases

I'm just looking, thank you.
Áim yost lúking, zdenk yu.
Sólo estoy mirando, gracias.

Do you carry ...?
Du yu kárri ...?
¿Trabajan ...?

Vocabulario

Vocabulary

caja - **cashier** - *kashíer*
departamento de caballeros - **gentlemen's department** - *yéntelmen's dipártment*
departamento de damas - **ladies' department** - *léidis dipártment*
departamento de juguetería - **toys department** - *tóis dipártment*
departamento de niñas - **girls' department** - *guérls dipártment*
departamento de niños - **boys' department** - *bóis dipártment*
joyería - **jewelry** - *yúelrri ›*
lencería - **linen** - *lénen*

perfumería - **perfumes** - *pérfiums*
vendedor(a) - **salesperson** - *séilsperson*

buscar - **look for** - *luk for*
comprar - **buy** - *bái*
decidir - **decide** - *disáid*
exhibir - **exhibit** - *eksíbit*
mostrar - **show** - *shóu*

oloroso - **fragrant** - *fréigrant*
práctico - **practical** - *práktikal*
reciente - **recent** - *rísent*

Para su información

F.Y.I.

Department stores accept most credit cards.
Las tiendas de departamentos aceptan casi todas las tarjetas de crédito.

Recuerde

En los centros comerciales usualmente encontrará sucursales de las principales cadenas de tiendas departamentales.

En la
TINTORERÍA

At the dry cleaners

- Can you dry clean these clothes?
Kan yu drái klin zdis klóuzds?
¿Puede lavar en seco esta ropa?

- Your name and address, please.
Yur néim and adrés, plís.
Su nombre y dirección, por favor.

- When can I pick them up?
Juén kan ái pek zdem op?
¿Cuándo la puedo recoger?

- Do I have to pay you now?
Du ái jav tu péi yu náu?
¿Tengo que pagarle ahora?

Expresiones usuales

Usual expressions

Please come back at 4 o'clock.
Plís kom bak at for oklók.
Por favor, regrese a las 4.

Do you have delivery service?
Du yu jav delíveri sérvis?
¿Tiene servicio de entrega a domicilio?

Frases relacionadas

Related phrases

This is a delicate garment.
Zdes es a délikéit gárment.
Esta prenda es delicada.

Please check your clothes.
Plís chék yur klóuzds.
Por favor revise su ropa.

Vocabulario

Vocabulary

abrigo - **coat** - *kóut*
blusa - **blouse** - *bláus*
camisa - **shirt** - *shert*
cobertor - **bedspread** - *bédspred*
corbata - **tie** - *tái*
cortinas - **courtains** - *kértens*
falda - **skirt** - *skert*
mancha - **stain** - *stéin*
pantalones - **trousers, slacks** - *tráusers, slaks*
saco - **jacket** - *yáket*
traje - **suit** - *sut*
vestido - **dress** - *dres*

desmanchar - **remove spots** - *rimúv spots*
encoger - **shrink** - *shrenk*
entregar - **deliver** - *delíver*
llevar - **take** - *téik*
planchar - **iron** - *áiron*
revisar - **check** - *chek*

arrugado - **wrinkled** - *rínkold*
cuidadoso - **careful** - *kérful*
limpio - **clean** - *klin*
sucio - **dirty** - *dérti*

Para su información

F.Y.I.

Most dry cleaners have a special Express Service.
La mayoría de las tintorerías tienen un servicio expreso especial.

Recuerde

El precio del servicio de tintorería puede resultar alto.

En la ZAPATERÍA

At the shoe shop

- **- I want to see some high heels.**
Ái uánt tu si som jái jils.
Quisiera ver unos zapatos de
tacón alto.

- **- I'll take them.**
Áil téik zdem.
Me los llevo.

- **- Do you have these shoes in blue?**
Du yu jav zdis shus en blu?
¿Tiene estos zapatos en azul?

- **- What size?**
Juát sáis?
¿Qué número?

- **- 6 (I think).**
Seks (ái zdenk).
6 (creo).

Expresiones usuales

Usual expressions

My feet are killing me!
Mái fit ar kíling mi!
¡Me duelen los pies!

I love my old shoes!
Ái lov mái óuld shus!
¡Adoro mis zapatos viejos!

Frases relacionadas

Related phrases

These are too loose.
Zdiís ar tu luús.
Éstos me quedan anchos.

Can I see them in another color?
Kan ái si zdem en anózder kólor?
¿Me los muestra en otro color?

Vocabulario

Vocabulary

agujetas (cordones) - **shoelaces** - *shuléises*
ante - **suede** - *suéid*
bolsa - **purse, handbag** - *pers, jándbag*
botas - **boots** - *buts*
grasa para zapatos - **shoe polish** - *shu pólish*
hebilla - **buckle** - *bókel*
mocasines - **mocassins** - *mókasins*
pantuflas - **slippers** - *slépers*
piel - **leather** - *lézder*
plástico - **plastic** - *plástik*
sandalias - **sandals** - *sándals*
zapatos de piso - **flats** - *flats*

caminar - **walk** - *uók*
dar grasa - **polish** - *pólish*
probarse - **try on** - *trái on*

apretado - **tight** - *táit*
cómodo - **comfortable** - *kómfortabol*
incómodo - **uncomfortable** - *onkómfortabol*
suave - **soft** - *soft*

Para su información

F.Y.I.

Equivalence of shoe sizes in Mexico and the USA.
Equivalencias entre las medidas de zapatos de México y los E.E.U.U.

Damas	México	22	22$\frac{1}{2}$	23	23$\frac{1}{2}$	24	24$\frac{1}{2}$	25	25$\frac{1}{2}$	26
	U.S.A	5	5$\frac{1}{2}$	6	6$\frac{1}{2}$	7	7$\frac{1}{2}$	8	8$\frac{1}{2}$	9

Caballeros	México	6	7	8	9	10	11
	U.S.A.	8	9	10	11	12	13

En el
ZOOLÓGICO

At the zoo

- How much is the ticket?
Jáu moch es zda tíket?
¿Cuánto cuesta el boleto?

- What time do you close?
Juát táim du yu klóus?
¿A qué hora cierran?

- Where are the lions?
Juér ar zda láions?
¿Dónde están los leones?

- This is a toucan.
Zdes es a túkan.
Éste es un tucán.

Frases relacionadas

Related phrases

Don't feed the animals.
Dóunt fid zdi ánimals.
No dé de comer a los animales.

Danger!
Déinyer!
¡Peligro!

Vocabulario

Vocabulary

águila - **eagle** - *ígol*
aves - **birds** - *berds*
búfalo - **buffalo** - *búfalou*
cebra - **zebra** - *zíbra*
cocodrilo - **crocodile** - *krókodáil*
chimpancé - **chimpanzee** - *chimpanzí*
elefante - **elephant** - *élefant*
foca - **seal** - *sil*
gorila - **gorilla** - *goréla*
hiena - **hyena** - *jayína*
jaula - **cage** - *kéich*
jirafa - **giraffe** - *yiráf*
leopardo - **leopard** - *léperd*
lobo - **wolf** - *uúlf*
mapache - **racoon** - *rakuún*
mono - **monkey** - *mánki*
morsa - **walrus** - *uálrres*
oso - **bear** - *ber*
panda - **panda** - *pánda*

pantera - **panther** - *pánzder*
puma - **puma** - *púma*
serpiente - **snake** - *snéik*
tigre - **tiger** - *táiguer*
venado - **deer** - *díer*
zorro - **fox** - *foks*

abrir - **open** - *óupen*
alimentar - **feed** - *fid*
cuidar - **take care of** - *téik ker of*
vigilar - **watch** - *uátch*

feroz - **fierce** - *firs*
fuerte - **strong** - *strong*
manso - **tame** - *téim*
peludo - **hairy** - *jéri*

Índice   *Index*

TWO HUNDRED TWENTY SEVEN   227

INGLÉS PARA 109 SITUACIONES
FRECUENTES

Esta obra se terminó de imprimir
en enero de 2007, en los Talleres de

IREMA, S.A. de C.V.
Oculistas No. 43, Col. Sifón
09400, Iztapalapa, D.F.

8523